LES FILS D'ÉMILE DEYROLLE

PARIS — 46, rue du Bac (Téléphone 156-87)

USINE A VAPEUR, 9, RUE CHANEZ, PARIS-AUTEUIL

FABRIQUE

DE

MOBILIER et de MATÉRIEL

SCOLAIRES

POUR LES

ENSEIGNEMENTS MATERNEL, PRIMAIRE

SECONDAIRE ET SUPÉRIEUR

Septembre 1898

PARIS

LES FILS D'ÉMILE DEYROLLE

46, Rue du Bac (Téléphone 156-87)

USINE A VAPEUR, 9, RUE CHANEZ, PARIS-AUTEUIL

CONDITIONS D'ENVOI

EMBALLAGE ET PORT. L'emballage et le port n'étant pas compris dans les prix du présent catalogue, sont à la charge du destinataire : les caisses et emballages, étant comptés au prix coûtant, *ne sont pas repris en compte*.

PAIEMENT. Nos marchandises sont vendues au comptant.

Toute commande inférieure à 50 francs, ne pouvant donner lieu à l'ouverture d'un compte, devra être accompagnée du montant de la commande en mandat-poste ou chèque sur Paris, sauf pour les clients ayant un compte dans notre maison et pour les établissements officiels.

Les timbres-poste ne sont acceptés que pour les paiements de moins de 2 francs; ceux de 15 centimes et au-dessous doivent être envoyés à l'exclusion de tous autres.

EXPÉDITIONS PAR LA POSTE. La maison n'étant pas responsable des pertes qui peuvent arriver dans les expéditions qui sont faites par la voie de la poste, ce mode d'envoi n'est employé que lorsque l'ordre en est donné par le client qui en reste seul responsable.

Les objets pesant plus de 350 grammes, et ne pouvant se diviser, ne peuvent pas s'expédier par cette voie, de même que les objets ayant plus de 30 centimètres carrés.

Les colis postaux, dont la valeur dépasse l'indemnité allouée par les Compagnies, en cas de perte ou d'avaries, seront expédiés en valeur déclarée ou en grande vitesse s'il y a avantage pour le client.

ADRESSE DU DESTINATAIRE. Nous ne saurions trop insister auprès de nos clients en les priant de bien désigner, pour la France, le département et le nom de la station du chemin de fer la plus proche; pour l'Étranger, la voie à employer, afin d'éviter les retards occasionnés souvent par manque d'indications précises.

RETOURS. Nous ne pouvons accepter les retours pour tout ce qui est du mobilier et du matériel d'enseignement, à moins d'erreur de notre part ou de conventions spéciales avant l'expédition; nous prions donc nos clients de bien nous désigner les types, numéros, etc., des articles demandés.

Afin d'éviter toute erreur ou confusion, il est indispensable de bien exprimer l'année du Catalogue sur lequel la Commande aura été prise, ainsi que les numéros d'ordre et la désignation de l'article.

CATALOGUES EN DISTRIBUTION

Les Catalogues concernant les Spécialités suivantes, seront adressés « GRATIS ET FRANCO »

Pièces d'anatomie humaine et comparée, en staff et cire.

Mammifères, prix à la pièce.

Oiseaux, prix à la pièce.

Reptiles et Poissons, prix à la pièce.

Coléoptères d'Europe, prix à la pièce.

Coléoptères exotiques, prix à la pièce.

Papillons d'Europe, prix à la pièce.

Papillons exotiques, prix à la pièce.

Coquilles, prix à la pièce.

Fossiles, prix à la pièce.

Minéraux, prix à la pièce.

Collections et cabinets d'histoire naturelle pour les enseignements primaire, secondaire et supérieur.

Livres d'histoire naturelle.

Instruments pour l'étude des sciences naturelles.

Microscopes, Microtomes, Préparations microscopiques, instruments pour la **micrographie**.

Meubles pour le rangement des collections d'histoire naturelle.

Installations complètes de musées et cabinets d'histoire naturelle.

Tableaux d'histoire naturelle collés sur toile, avec bâton haut et bas mesurant $1^m, 20 \times 0^m, 90$, destinés à l'enseignement secondaire et supérieur.

Mobilier et Matériel d'Enseignement pour les écoles enfantines, primaires, lycées, collèges, facultés, etc.

Musée scolaire pour leçons de choses comprenant 700 échantillons en nature 3.000 dessins coloriés.

Cabinets de Physique et instruments de précision.

TABLES ET BANCS

SCOLAIRES

Nous avons divisé nos différents types de tables en six grandeurs répondant aux dimensions fixées par le règlement officiel. Sur demande nous exécuterons tous modèles de grandeurs intermédiaires.

Les Nᵒˢ 1 et 2 se font pour les Écoles Maternelles.

3 pour enfants de 5 à 6 ans, 1ᵐ20 à 1ᵐ35			
4 — de 7 à 9 — 1ᵐ36 à 1ᵐ50	}	Écoles primaires.	
5 — de 10 à 14 — 1ᵐ50 et au-dessus			
6 — de 15 et au-des. 1ᵐ65 et au-dessus	}	Écoles secondaires.	

Les nᵒˢ 3-4-5 sont également employés dans les classes élémentaires des lycées et collèges. Les âges correspondant aux tailles sont très approximatifs, nous conseillons de se baser principalement sur les tailles pour choisir les Nᵒˢ des tables.

Le dessus des tables est noirci et ciré, les coins sont arrondis, le reste des boiseries est teinté couleur vieux chêne ou laissé bois naturel.

NUMÉROS	1	2	3	4	5	6
Hauteur de la tablette à la poitrine de l'enfant..	0.45	0 50	0.55	0.65	0.70	0.75
Longueur de la tablette pour table à 1 place..	0.50	0.55	0.60	0.60	0.60	0.65
— table à 2 places..	0.80	0.90	1 »	1.10	1.10	1.20
Hauteur du banc.............	0.25	0.30	0.35	0.40	0.45	0.46
Hauteur du dossier...............	0.19	0.21	0.24	0.26	0.28	0.32

Toutes nos tables, sauf les nᵒˢ 1 et 2, sont livrées avec des encriers en porcelaine émaillée, les encriers d'autres formats ou d'autres genres, en verre, en plomb, etc., seront comptés en plus (voir les prix page 9).

Fabriquant dans notre usine (visible avec carte d'entrée demandée quelques jours à l'avance) avec un outillage perfectionné, nous sommes à même de fournir le Mobilier et le Matériel scolaires dans des conditions exceptionnellement avantageuses tant comme solidité que comme prix. Les modèles de tables et de bancs, avec pieds en fer forgé, que nous recommandons particulièrement, sont le type B pour les écoles de garçons, et le type K pour les écoles de filles. Depuis bien des années nous construisons les modèles fer et bois ; nous avons acquis l'assurance que cette construction offre de bien plus grands avantages que les modèles tout en bois, car, dès que les assemblages en bois ont pris un peu de jeu, ce qui ne peut manquer d'arriver au bout de quelques années, même les bois les plus secs, les tables n'offrent plus la résistance voulue ; tandis que les modèles fer et bois, que nous construisons, peuvent toujours être consolidés, et remis à l'état de neuf en serrant d'une façon raisonnée les boulons et autres vis servant à l'assemblage ; nos clients ne devront donc jamais hésiter à nous demander conseil sur ce sujet.

Suivant le budget dont disposerait l'établissement, nous pouvons modifier les essences des bois entrant dans la construction de nos tables, et en rendre ainsi l'acquisition accessible à toutes les municipalités, même à celles disposant de faibles crédits.

Nous prions donc nos clients de ne pas hésiter à nous demander un devis avec prix à forfait, nous indiquant le nombre de classes, d'élèves par classe, l'âge ou la taille des enfants, le degré d'enseignement, la somme dont on dispose, et la gare à laquelle l'envoi doit être adressé.

Notre Mobilier scolaire, construit suivant les dernières règles de l'hygiène, n'a rien de commun avec celui fait par des menuisiers qui n'ont aucune des connaissances très spéciales de cette construction.

TABLE et BANC

Type A

Modèle

non démontable

Fig. 1

TABLE ET BANC TYPE **A**	Nos 1 et 2		No 3		No 4		No 5		No 6	
	à 1 place	à 2 places	à 1 place	à 2 places	à 1 place	à 2 places	à 1 place	à 2 places	à 1 place	à 2 places
Semelle, banc, table, casier en peuplier La place.........	20 »	11 »	23 »	12.50	24 »	13.50	25 »	14.50	27 »	15.50
Semelle et banc en hêtre; table en chêne; le reste en peuplier. La place.	22 »	12 »	24 »	13.50	25 »	14.50	26 »	15.50	28 »	16.50

TABLE ET BANC

Type C

Modèle non démontable,

Banc sans dossier.

Fig. 2

Ce modèle se fait

principalement à deux

et à quatre places.

TABLE ET BANC TYPE **C**	Nos 1 et 2		No 3		No 4		No 5		No 6	
	à 2 places	à 4 places	à 2 places	à 4 places	à 2 places	à 4 places	à 2 places	à 4 places	à 2 places	à 4 places
Semelle, banc, table casier en peuplier. La place.........	9.50	8 »	10 »	8.50	11 »	9.50	12 »	10.50	13 »	11.50
Semelle et banc en hêtre; table en chêne; le reste en peuplier. La place.	10.50	9 »	11 »	9.50	12 »	10.50	13 »	11.50	14 »	11.75

1

TABLE ET BANC

Type D

Modèle

non démontable,

avec

pupitre articulé.

Fig. 3

TABLE ET BANC TYPE D	Nos 1 et 2		No 3		No 4		No 5		No 6	
	à 1 place	à 2 places	à 1 place	à 2 places	à 1 place	à 2 places	à 1 place	à 2 places	à 1 place	à 2 places
Semelle, banc et table en peuplier; le reste en sapin. La place........	24.50	15.50	27.50	17 »	28.50	18 »	29.50	19 »	31.50	20 »
Semelle, banc en hêtre, table en chêne; le reste en peuplier. La place...	26.50	16.50	28.50	18 »	29.50	19 »	30.50	20 »	32.50	21 »

I

TABLE ET BANC
Type G
Pieds de la table en bois, non démontable.
Pieds du banc,
fer forgé démontables.
Fig. 4

Sans dossier, en moins 1 fr. pour les nos 1 à 5 et 1 fr. 50 pour le no 6.

L'avantage de ce type sur le précédent consiste dans le démontage du banc pour le transport; deux tables pouvant donc s'enchevêtrer occupent une place à peu près semblable à une seule table, une fois les bancs démontés.

TABLE ET BANC TYPE G	Nos 1 et 2		No 3		No 4		No 5		No 6	
	à 1 place	à 2 places	à 1 place	à 2 places	à 1 place	à 2 places	à 1 place	à 2 places	à 1 place	à 2 places
Semelle, banc et table en hêtre; le reste en sapin; pied du banc en fer forgé. La place	23 »	12.50	27 »	14.50	29 »	15.50	31 »	16.50	32 »	17 »
Semelle, banc et dossier en hêtre; table en chêne; le reste sapin; pieds du banc en fer forgé. La place...	24 »	13.50	28 »	15.50	30 »	16.50	32 »	17.50	34 »	18 »

1

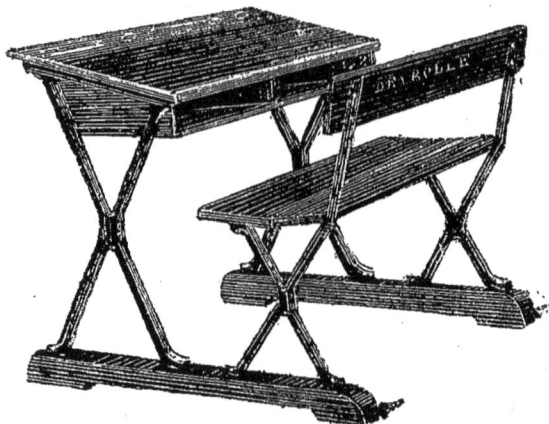

TABLE ET BANC

Type B

Pied en fer forgé,

Modèle déposé

démontable.

Fig. 5

Sans dossier, en moins
1 fr. pour les nos 1 à 5 et
1 fr. 50 pour le no 6, par
table.

TABLE ET BANC TYPE B	Nos 1 et 2		No 3		No 4		No 5		No 6	
	à 1 place	à 2 places	à 1 place	à 2 places	à 1 place	à 2 places	à 1 place	à 2 places	à 1 place	à 2 places
Semelles, banc et dossier en hêtre; table en chêne; casier peuplier. La place........	27 »	14.50	32 »	17 »	34 »	18 »	35 »	18.50	36 »	19 »
Semelles en hêtre; banc, dossier et table en chêne; casier peuplier. La place........	28 »	15.50	33 »	18 »	35 »	19 »	36 »	19 50	37 »	20 »

1

TABLE ET BANC

Type BF

Pieds en fer forgé,

Modèle déposé,

démontable,

sans casier

Fig. 6

Sans dossier, en moins
1 fr. pour les nos 1 à 5 et
1 fr. 50 pour le no 6, par
table.

TABLE ET BANC TYPE BF	Nos 1 et 2		No 3		No 4		No 5		No 6	
	à 1 place	à 2 places	à 1 place	à 2 places	à 1 place	à 2 places	à 1 place	à 2 places	à 1 place	à 2 places
Semelles, banc et dossier en hêtre; table en chêne. La place........	18 »	10.50	24 »	13 »	26 »	14 »	28 »	15 »	29 »	15 »
Semelles en hêtre; banc, dossier et table en chêne. La place........	19 »	11.50	25 »	14 »	27 »	15 »	29 »	16 »	30 »	16 »

TABLE ET BANC

Type BE

Pieds en fer forgé,

Modèle déposé,

démontable,

avec dessus levant

forme pupitre.

Fig. 7

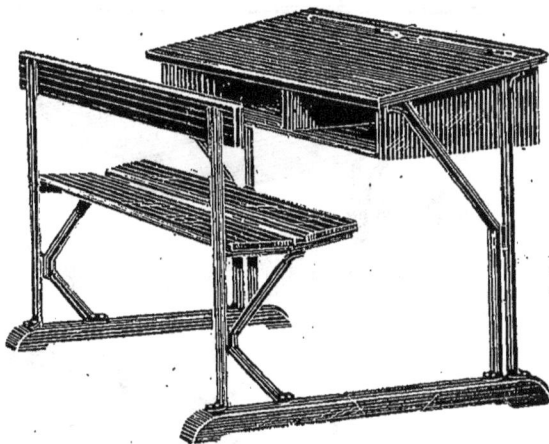

Sans dossier, en moins
1 fr. pour les nᵒˢ 1 à 5 et
1 fr. 50 pour le nᵒ 6, par
table.

TABLE ET BANC TYPE **BE**	Nᵒˢ 1 et 2		Nᵒ 3		Nᵒ 4		Nᵒ 5		Nᵒ 6	
	à 1 place	à 2 places	à 1 place	à 2 places	à 1 place	à 2 places	à 1 place	à 2 places	à 1 place	à 2 places
Semelles, banc, dossier hêtre; table chêne; casier peuplier. La place...	34.50	19 »	36.50	21.50	38.50	22.50	39.50	23 »	40.50	23.50
Semelles hêtre; banc, dossier, table chêne; casier peuplier. La place...	32.50	20 »	37.50	22.50	39.50	23.50	40.50	24 »	41.50	24.50

I

.TABLE ET BANC

Type K

Pieds en fer forgé,

Modèle déposé,

démontable.

Fig. 8

Sans dossier, en moins
1 fr. pour les nᵒˢ 1 à 5 et
1 fr. 50 pour le nᵒ 6, par
table.

Ce type ayant la sortie
et l'entrée très dégagées
devra être surtout em-
ployé pour les filles.

TABLE ET BANC TYPE **K**	Nᵒˢ 1 et 2		Nᵒ 3		Nᵒ 4		Nᵒ 5		Nᵒ 6	
	à 1 place	à 2 places	à 1 place	à 2 places	à 1 place	à 2 places	à 1 place	à 2 places	à 1 place	à 2 places
Semelles, banc, dossier hêtre; table chêne; casier peuplier. La place...	26.50	14 »	31 »	16.50	33 »	17.50	34 »	18 »	35 »	18.50
Semelles hêtre; banc, dossier table chêne; casier peuplier. La place...	27.50	15 »	32 »	17.50	34 »	18.50	35 »	19 »	36 »	19.50

1
TABLE ET BANC TYPE KE
La table et banc type **KE** est semblable au type **K**; mais avec pupitre ouvrant.

TABLE ET BANC TYPE **KE**	Nos 1 et 2		No 3		No 4		No 5		No 6	
	à 1 place	à 2 places	à 1 place	à 2 places	à 1 place	à 2 places	à 1 place	à 2 places	à 1 place	à 2 places
Semelle, banc, dossier hêtre; table chêne, casier peuplier. La place...	35 »	18.50	40 »	21 »	42 »	22 »	43 »	22.50	44 »	23 »
Semelles hêtre; banc, dossier, table chêne; casier peuplier. La place.	36 »	19.50	41 »	22 »	43 »	23 »	44 »	23.50	45 »	24 »

TABLE ET BANC TYPE KF
La table et banc type **KF** est semblable au type **K**, mais sans casier sous la table.

TABLE ET BANC TYPE **KF**	Nos 1 et 2		No 3		No 4		No 5		No 6	
	à 1 place	à 2 places	à 1 place	à 2 places	à 1 place	à 2 places	à 1 place	à 2 places	à 1 place	à 2 places
Semelle, banc, dossier hêtre; table chêne. La place..	18 »	10 »	23 »	12.50	25 »	13.50	26 »	14 »	27 »	14.50
Semelles hêtre; banc, dossier, table chêne. La place........	19 »	11 »	24 »	13.50	26 »	14.50	27 »	15 »	28 »	15.50

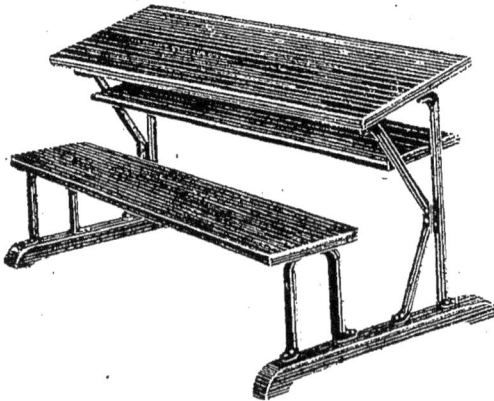

TABLE ET BANC

Type L

Modèle démontable,

Banc sans dossier,

Pieds en fer forgé.

Fig. 9

TABLE ET BANC TYPE **L**	Nos 1 et 2		Nos 3, 4, 5		No 6	
	à 3 places	à 4 places	à 3 places	à 4 places	à 3 places	à 4 places
Semelles, banc et table en hêtre; tablette formant casier en peuplier. La place..........	9.75	9.50	10.25	10 »	12 »	11.50
Semelles et banc en hêtre; table en chêne; tablette formant casier en peuplier. La place.	10.75	10.50	11.25	11 »	13.50	13 »
Semelles en hêtre; banc et table en chêne; tablette en peuplier. La place.............	13.75	13 »	14.25	13.50	15 »	14.50

l

TABLE
Type M
· Modèle démontable
à deux places.
Fig. 10

TABLE TYPE M	Nos 3, 4, à 2 places	Nos 5, 6 à 2 places
Table en chêne, casier en peuplier. La place.	65 »	70 »
Table en chêne, casier hêtre et peuplier. La place...	68 »	75 »

I

TABLE
sans banc
Type I
à pupitre,
Pieds en fer forgé,
Modèle
démontable.
Fig. 11

Pour les chaises et tabourets voir page.10.

TABLE TYPE I	Nos 3, 4		Nos 5, 6	
	à 1 place	à 2 places	à 1 place	à 2 places
Semelles, traverse et table en chêne ; casier peuplier. La place...	25 »	18 »	26 »	19 »
Tout en chêne. La place...	26.50	19.50	29 »	22 »

I

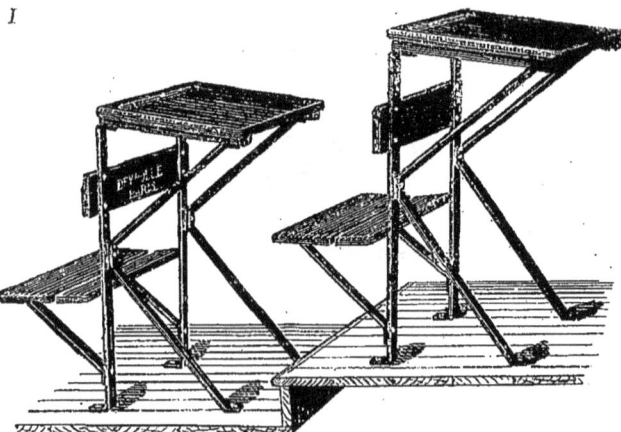

TABLE
D'AMPHITHÉÂTRE

Type **N**

Modèle démonta-
ble avec pieds en
fer forgé.
Banc, dossier
et table en bois.

Fig. 12

TABLE TYPE **N**	Nos 3, 4 à 2, 3, 4 places	Nos 5, 6 à 2, 3, 4 places
Table en chêne; banc hêtre. La place........	17 »	18 »
Table en chêne pour le premier rang, sans le banc. La place...........................	9 »	10 »
Banc en hêtre pour le dernier rang. La place.	8 »	8 »
Les mêmes tout en chêne, en plus par place..	1.50	1.75

I

TABLE
D'AMPHITHÉÂTRE

Type **O**

Modèle démonta-
ble avec pieds en
fer forgé.
Banc, dossier
et table en bois.

Fig. 13

TABLE TYPE **O**	Nos 3, 4 à 2, 3, 4 places	Nos 5, 6 à 2, 3, 4 places
Table en chêne; banc hêtre. La place........	17.50	18.50
Table en chêne pour le premier rang, sans le banc. La place...........................	9.50	10.50
Banc en hêtre pour le dernier rang. La place.	8.25	8.50
Les mêmes tout en chêne, en plus par place..	1.50	1.75

TABLE D'AMPHITHÉÂTRE

Type P

Modèle démontable,

Pieds en fer forgé.

Fig. 14

Ce modèle a une partie du dessus de la table mobile montée sur charnières permettant une entrée facile pour l'élève prendre sa place.

TABLE TYPE **P**	N° 3, 4 à 2, 3, 4, 5 places	N° 5, 6 à 2, 3, 4, 5 places
Table chêne, banc hêtre, casier peuplier. La place............................	17 50	18 50
Table et banc en chêne, casier peuplier. La place............................	18 50	19 50

TABLE BANC « *L'Idéale* »

Table de famille

Pieds en fer forgé

Table et banc s'élevant à volonté, modèle démontable.

Fig. 15

Table et banc « *L'Idéale* » tout en chêne verni avec pieds en fer forgé, peint. 100 fr.

La table banc « L'Idéale » est d'une construction élégante et soignée, elle est très solidement faite, c'est un meuble qui a sa place tout indiquée dans toutes les familles désireuses de voir leurs enfants conserver une bonne position pendant les heures de travail.

La table et le banc peuvent se descendre, se monter, se reculer ou s'avancer; tous ces changements se font en desserrant les boulons d'assemblage; on peut ainsi obtenir les tailles de nos modèles courants 3, 4, 5, 6 qui correspondent aux âges de 6 à 18 ans et au delà; une personne adulte peut parfaitement s'y asseoir.

C Encriers pour tables : le cent

Encrier en plomb
Fig. 16

Encrier en porcelaine
Fig. 17

Porcelaine émaillée **fig. 17**, fermé grand modèle.	11 »
— — petit —	9 50
Verre ouvert...	10 »
— fermé..	12 »
— couvercle cuivre, tournant..............	24 »
— — nickelé, à charnière............	34 »
— inversable dans godet en bois.....	25 »
Plomb ouvert **fig. 16**..................................	8 »
— couvercles à charnières.................	18 »

2

TABLES, CHAIRES, ESTRADES, ETC.

Fig. 18. — Estrade 3 marches.

Fig. 19. — Table ordinaire.

Estrade, fig. 18, mesurant 1.25 × 1.30 pour tables ordinaires et chaires.

EN SAPIN		EN CHÊNE	
1 marche haut 0.15	20 »	1 marche haut 0.15	33 »
2 — — 0.30	30 »	2 — — 0.30	52 »
3 — — 0.45	45 »	3 — — 0.45	75 »

Table ordinaire fig. 19. Longueur 1 m. 20, largeur 0 m. 70, hauteur
0 m. 75 avec 2 tiroirs. Pieds et traverses en hêtre, dessus en peuplier
avec emboîture, sans estrade.. 35 »
Tout en chêne, sans estrade.. 45 »

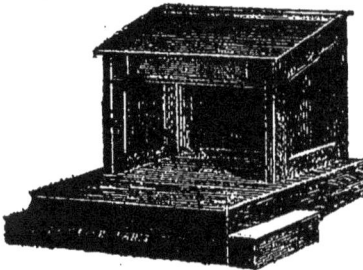

Fig. 20. — Chaire avec dessus en pente.

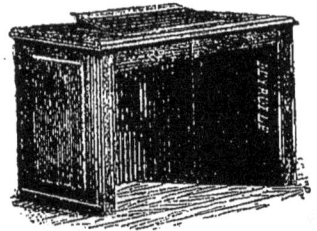

Fig. 21. — Chaire avec dessus plat noir.

Chaire avec dessus en pente, fig. 20, de 1 m. 15 de long × 0 m. 55
de large × 0 m. 75 de haut., avec un tiroir, pieds et traverses en hêtre,
le reste en peuplier sans estrade.. 40 »
Tout en chêne sans estrade.. 53 »
Tiroir fermant à clef, en plus... 2 50
Chaire avec dessus noir et plat, fig. 21, de 1 m. 20 × 0 m. 60 ×
0 m. 75 de hauteur, avec 2 tiroirs dont 1 fermant à clef, pieds et traverses en hêtre, le reste en peuplier, sans estrade et sans pupitre....... 60 »
Tout en chêne, sans estrade et sans pupitre............................... 75 »

Fig. 22. — Chaise.

Fig. 23. — Chaise démontable.

Pupitre de 0 m. 70 de long × 0 m. 50 de large × 0.08 dessus noir.
En peuplier .... 18 »
En chêne.. 20 »
Avec serrure, en plus, depuis.. 2 50
Chaises façon bois courbé, siège canné fig. 22 ; la pièce............... 7 50
Tabourets siège canné, la pièce.. 4 75
    —   — paillé,   — 2 80
Chaises fer et bois démontable fig. 23, siège en lamelle de 0.41....... 15 »

BANCS POUR PRÉAUX

Type **BA** fig. **24**, avec séparations et pieds en fer forgé.

Hauteur 0.20 et 0.25, longueur par place 0.30 et 0.33.
Semelle, banc, dossier en hêtre, pieds en fer forgé, la place 5 40
—   —   — en chêne   —   — .... 7 »
Hauteur 0.30 et 0.35, longueur par place 0.35 et 0.40.
Semelle, banc, dossier en hêtre, pieds en fer forgé, la place 5 50
—   —   — en chêne   —   — 7 25
Hauteur 0.40 et 0.45, longueur par place 0.42 et 0.44.
Semelle, banc, dossier en hêtre, pieds en fer forgé, la place .... 6 »
—   —   — en chêne   —   — .... 8 »
Sans séparations, en moins par place .... 1 »

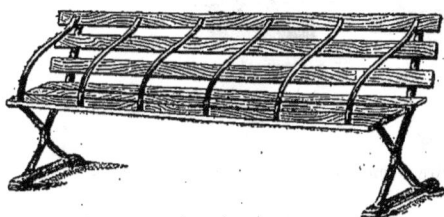 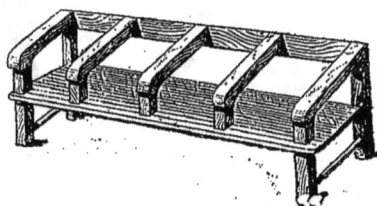

Fig. 24. — Type BA.   Fig. 25. — Type BB.

Type **BB** fig. **25**, en bois avec séparations.

Hauteur 0.20 et 0.25, longueur par place 0.30 et 0.33.
En hêtre et peuplier, la place 5 50
En chêne, la place 7 25
Hauteur 0.30 et 0.35, longueur par place 0.35 et 0.40.
En hêtre et peuplier, la place 5 75
En chêne, la place 7 75
Sans séparations en moins par place .... 1 »

BANCS SANS DOSSIER

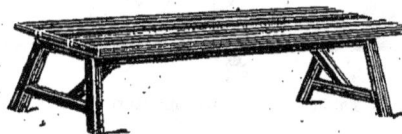

Fig. 26. — Type BC.

Type **BC** fig. 26, sans dossier, hauteur 0.25, tout hêtre, la pièce 12 50
—   —   — tout chêne, — 17 50
—   sans dossier, hauteur 0.35, tout hêtre, — 13 50
—   —   — tout chêne, — 19 50
Le type **BC** se fait aussi démontable avec pieds en fer forgé au même prix que ceux tout en bois.

TABLES DE RÉFECTOIRE

Fig. 27. — Table de réfectoire démontable avec pieds en fer forgé.

Table de réfectoire, démontable fig. 27, pieds en fer forgé, dessus en marbre noir ou blanc de 30 m/m, mesurant 2 m. 75 de long × 0 m. 90 de large *avec 2 bancs en chêne* et pieds en fer forgé.

En marbre noir veiné blanc.. 240 »
En marbre blanc.. 270 »
La hauteur se fait suivant la taille des enfants.

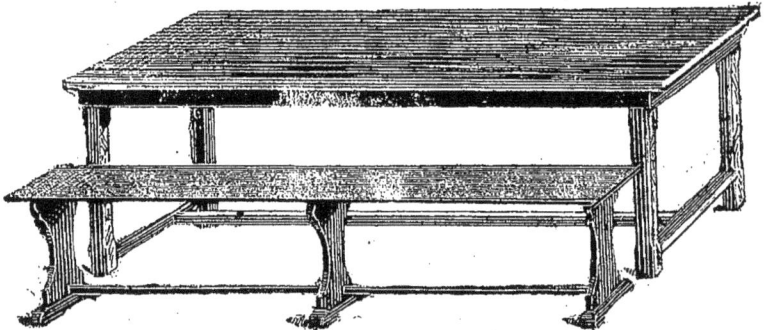

Fig. 28.— Table de réfectoire, monture en bois, non démontable.

Table de réfectoire non démontable fig. 28, monture bois, mesurant 2 m. de long × 0 m. 80 de large *avec 2 bancs mobiles;* marbre de 25 millimètres d'épaisseur.

En hêtre avec marbre noir veiné blanc............................... 110 »
—   —   blanc..................................... 150 »
En chêne avec marbre noir veiné blanc............................... 140 »
—   —   blanc .... 180 »

ARMOIRES VITRÉES POUR COLLECTIONS OU BIBLIOTHÈQUES
CARTONNIERS POUR BUREAUX

I

Cartonnier fig. 29, en chêne ciré, fermeture sur le côté.

Prix avec
les cartons.

Nº 96 contenant 8 cartons	70 »
Nº 97 — 16 —	105 »
Nº 98 — 18 —	115 »
Nº 99 — 20 —	130 »

Les modèles de 16, 18 et 20 cartons se font généralement sur deux rangées comme l'indique la fig. 29.

Chaque carton avec filets dorés, fermeture à ressort, poignée en cuivre, mesure 0.43 de largeur en façade × 0.31 de profondeur × 0.15 de hauteur.

Fig. 29.— Cartonniers de 20 cartons.

Meuble vitrine fig. 30, en bois noir façon ébène, intérieur bois naturel avec tablettes mobiles sur crémaillères. Dimensions : hauteur 1 m. 51, largeur 0.66, profondeur 0.49.
Nº 2, avec porte vitrée et targette   42 » | Nº 2 bis, porte vitrée et serrure   45 »

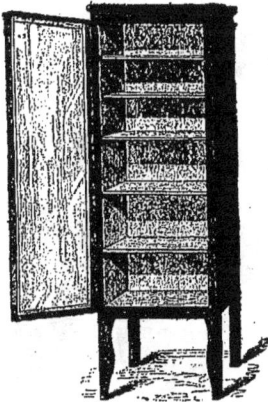

Fig. 30. — Meuble vitrine.   Fig. 31. — Armoire vitrée.

Armoire vitrée fig. 31, bois noir façon ébène ou en chêne, corps du haut avec portes vitrées, tablettes sur crémaillères, intérieur bois naturel ou peint en blanc, corps du bas, tablettes fixes inclinées. Dimensions :

	Haut.	Larg.	Prof.	Bois noir		Haut.	Larg.	Prof.	Chêne
Nº 70 bis.	2.35	1.35	0.35.	140 »	Nº 70.	2.35	1.35	0.35....	160 »
Nº 71 bis.	2.10	1.30	0.35.	120 »	Nº 71.	2.10	1.30	0.35....	135 »

1 **Armoire vitrée fig. 32**, en chêne, fond en peuplier, cinq tablettes sur crémaillères, avec serrure et porte vitrée.

N° 75 *bis* haut. 2 m., larg. 1 m. 08 profond., 0 m. 34, type scolaire.....   90 »
» 75   —   —   type très soigné.. 130 »
» 76 *bis* haut, 2 m. 20, larg. 1 m. 30, profond. 0 m.46, type scolaire..... 115 »
» 76   —   —   type très soigné.. 170 »

Fig. 32.— Armoire vitrée.

Fig. 33.— Armoire vitrée.

Armoire vitrée fig. 33, à deux corps et démontable, façade et côtés chêne,
fond peuplier, vitrée sur trois faces, tablettes sur crémaillères, intérieur bois
naturel ou peint en blanc. Dimensions :

N° 74, hauteur 2.30, largeur 1.30, profondeur 0.40..................... 175 »
» 73,   —   2.45,   —   1.40,   —   0.40..................... 225 »
» 72,   —   2.60,   —   1.50,   —   0.40..................... 280 »

LAVABOS SCOLAIRES

Fig. 34. — Cuvettes fixes.

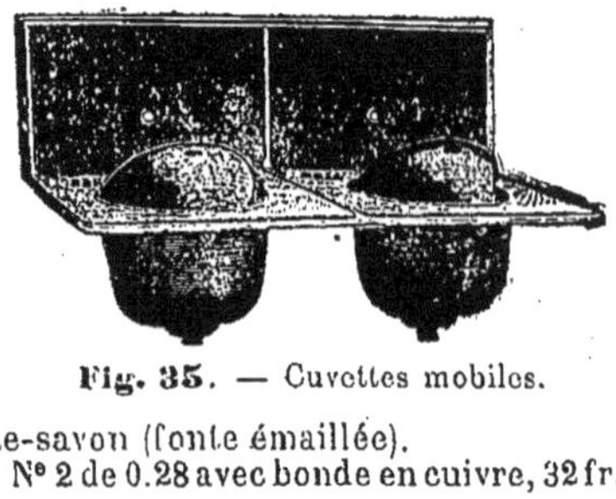

Fig. 35. — Cuvettes mobiles.

Cuvettes fixes rondes fig. 34, et porte-savon (fonte émaillée).
N° 1 de 0.26 avec bonde cuivre, 26 fr. | N° 2 de 0.28 avec bonde en cuivre, 32 fr.

Cuvettes à bascule fig. 35, et porte-savon (fonte émaillée).
N° 3 de 0.30 complet....... 50 » | N° 5 de 0.36 complet........ 65 »

Ces lavabos étant disposés pour être placés en nombre quelconque de 2, 3, 4,
5, etc., il est indispensable d'indiquer le nombre composant chaque série pour
que les joints se rapportent les uns aux autres.

ARDOISES FACTICES ET NATURELLES

H

TABLEAUX ARDOISÉS, NOIRS

DIMENSIONS DES TABLEAUX	BOIS ARDOISÉ		CARTON ARDOISÉ		TOILE SUR ROULEAUX 2 côtés	QUADRILLAGE			PORTÉES MUSIQUE	
	1 côté	2 côtés	1 côté	2 côtés		2 c. ½	5 cent.	10 cent.	nombre	prix
0m60 × 0m80..	5.75	7.25	2.50	4.50	4 »	2.75	1 50	1 »	3 »	1.10
0.75 × 1.00..	9.25	11 »	3.20	6 »	6 »	4.75	2.50	1.40	4 »	1.80
0.90 × 1.20..	13.25	15.75	6.50	11 »	8 »	7.50	4 »	2 »	5 »	2.50
1.00 × 1.00..	13 »	15.50			7.50	7 »	3.75	1.80	5 »	2.25
1.00 × 1.20..	15.50	19 »			8.25	9 »	4.50	2.20	5 »	2.50
1.00 × 1.30..	16.50	20 »			9 »	9.50	5 »	2.50	5 »	2.75
1.00 × 1.50..	19 »	23.25			10 »	11 »	6 »	2.75	5 »	4 »
1.20 × 1.50..	23 »	27.50			11.50	13 »	7 »	3.35	6 »	5 »
1.00 × 2.00..	25 »	32 »			15 »	15 »	7.50	3.70	5 »	5.50

Nous donnons dans le tableau ci-dessus les prix des tableaux, des cartons et des toiles ardoisés, puis à la suite les prix correspondant à chaque dimension pour le quadrillage, les portées de musique, etc. Chaque ligne en plus est comptée 0 fr.,10 le mètre linéaire.

Tableaux ardoisés noirs, en bois sur mesure, comptés au mètre superficiel : 1 face, le mètre.. 13.50

    2 faces,   — 16.25

Tableaux à contrepoids, bâti chêne. Ces tableaux sont formés de 2 panneaux ardoisés noirs se faisant contrepoids. Ces panneaux se font sur toute mesure; les prix en seront adressés sur demande.

Le modèle qui est le format le plus employé mesure 1 mètre × 1 m. 30 (dimension de chaque tableau). Prix.. 75 »

Fig. 36. — Tableau ardoisé sur pied en chêne.

Tableau sur pied en chêne (fig. 36), sans roulettes, ardoisé noir des deux côtés, monté sur pivot; ce tableau pouvant être élevé et baissé à volonté, peut être ainsi mis à la taille des enfants, il est démontable pour le transport; le porte-craie est mobile.

0m,60 × 0m,80............	19	»
0m,75 × 1m,00............	25	»
0m,90 × 1m,20............	33	75
1m,00 × 1m,00............	30	»
1m,00 × 1m,20............	36	»
1m,00 × 1m,30............	40	»
1m,00 × 1m,50............	45	»
1m,20 × 1m,50............	55	»

Avec roulettes, en plus par tableau................ 2 50

TOILES ARDOISÉES

DIMENSIONS	1 côté	2 côtés	DIMENSIONS	1 côté	2 côtés
9m × 1m, », la pièce......	40.50	49.50	9m × 1m,50, la pièce......	60.75	74.25
9m × 1m,20 —	48.60	59.40	9m × 2m, » —	81 »	99 »
9m × 1m,30 —	52.65	64.35	Le mètre superficiel.......	5 »	6 »
Montage des toiles sur gorge et rouleaux, le mètre courant....... 2.50					

Globes ardoisés aux mêmes prix que les globes terrestres ou célestes (Voir page 65).

ARDOISES

H	ARDOISES FACTICES		C	ARDOISES NATURELLES

PREMIÈRE QUALITÉ. PRIX PAR CENT.   PREMIÈRE QUALITÉ. PRIX PAR CENT.

Nos	Dimensions	Noires	Imprimées		Encadrées bois en plus	Nos	Dimensions	Nues	Encadrées bois
			1 côté	2 côtés					
1	11 × 18	4.25	5.75	7 »		1	13 × 19	6.25	13.25
2	13 × 20	5.75	7.10	8.05	15.75	2	13 × 21	7.50	17.
3	15 × 23	6.25	8.20	8.15	16.50	3	13 × 24	9.50	22.
4	17 × 25	9.75	10.70	11.65	18.25	4	16 × 21	10.75	28.
5	19 × 28	12.75	13.95	14.90	22.25	5	16 × 24	12.	33.25
6	23 × 30	14.50	15.45	16.40	25.	6	16 × 27	18.	37.50

C ACCESSOIRES POUR LES ARDOISES & LES TABLEAUX ARDOISÉS

Crayons ronds ardoise factice nus 12 c., en boîte d'une grosse.   La grosse   1 60
—   —   — sous papier de couleur 12 c.,   —   —   3 75
Taille-crayon d'ardoises.................... Le cent   6 75
Affûtoirs émerisés..........................   —   6 »
Porte-crayons anglais sans griffe, métal bronzé..........   —   3 »
Porte-crayons automatique simple.................   —   6 »

Fig. 37. Chevalet modèle de la Ville de Paris. 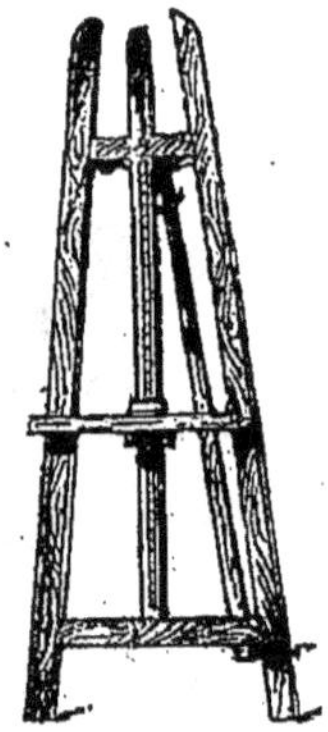   Fig. 38. Chevalet à crémaillère.

Chevalet en peuplier à crémaillère (fig. 38), haut. 1m65.....   La pièce   6 50
—   en hêtre,   —   haut. 1m65.....   —   9 »
—   —   — et chevilles haut. 1m80.....   —   13 50
—   modèle de la Ville de Paris (fig. 37), haut. 2 mètres.   —   35 »
Craie ordinaire 0m08, en boîte.........................   La grosse   » 35
—   — 0m10, ...   —   » 75
Craie blanche ronde, en boîte.....................   —   1 »
— couleurs rondes assorties, en boîte.............   —   1 50
Éponges pour tableau, depuis.....................   La pièce   » 30
Équerre divisée.............................   —   1 20
Mètre plat, formant règle, divisé.................   —   » 90
Té divisé.................................   —   1 30
Étui porte-craie nickelé pour craie carrée...........   —   » 40
—   —   —   — ronde.............   —   » 40
Compas en bois pour craie, 40 cent., pointe et porte-craie...   —   » 90
—   —   —   50 cent.;..............   —   1 20
Ardoisage liquide, pour réardoiser soi-même les tableaux noirs :
Pour 3 mètres superficiels......................   Le flacon   2 »
Pour 6 mètres superficiels......................   —   3 75

COMPENDIUMS MÉTRIQUES

G

Nous donnons ci-après la nomenclature des trois types de Compendiums métriques les plus courants ; sur demande, nous pourrons en modifier la composition ; nous nous tenons à la disposition de nos clients pour leur fournir les prix de Compendiums plus complets.

Nous ajoutons à chaque compendium une boîte contenant des pièces de monnaie (imitation). permettant aux professeurs de faire compter les enfants jusqu'à 40 francs.

Type n° 0. Meuble en bois noir ciré de 0.50 de hauteur × 0.46 de largeur × 0.20 de profondeur avec porte vitrée............................... 37 »

Type n° 1. Meuble en bois noir ciré de 0.50 de hauteur × 0.48 de largeur × 0.23 de profondeur avec porte vitrée............................... 47 »

Type n° 2. Meuble en bois noir ciré de 0.72 de hauteur × 0.60 de largeur × 0.24 de profondeur avec porte vitrée............................... 80 »

Fig. 39. — Compendium, type n° **2**.

Composition du compendium métrique n° 0, 37 francs.

Mètre pliant 10 branches.
Chaîne d'arpenteur.
Double décimètre.
Décimètre cube démontable.
Mesures à vin : demi-litre.
— demi-décilitre.

Mesures à lait : demi-litre.
— décilitre.
Mesures à huile : double décil.
— centilitre.
Mesures en bois : litre.
— décilitre.

Balance Roberval.
Poids fonte de 0k500.
— de 0k200.
— de 0k100.
Poids cuivre pesant 50 gr.

Boîte contenant des pièces de monnaie.

Composition du compendium métrique n° 1, 47 francs.

Globe terrestre.
Mètre pliant 10 branches.
Chaîne d'arpenteur.
Décamètre à ruban.
Double décimètre.
Décimètre cube démontable.
Mesures à vin : litre.
— double décil.

Mesures à vin : demi-décil.
— centilitre.
Mesures à lait : demi-litre.
— décilitre.
Mesures à huile : litre.
— double décil.
— demi-décil.
— centilitre.

Mesures en bois : litre.
— décilitre.
Balance Roberval de 1 kilo.
Poids fonte : 1 kilo.
— 500 grammes.
— 200 —
— 100 —
Poids cuivre pesant 200 gr.

Boîte contenant des pièces de monnaie et un tableau donnant le poids, les dimensions et le titre des pièces de monnaie.

Composition du compendium métrique n° 2, 80 francs.

Globe terrestre.
Mètre pliant 10 branches.
Mètre plat pliant en deux.
Chaîne d'arpenteur.
Décamètre à ruban.
Double décimètre.
Décimètre cube démontable.
Série des 7 mesures à vin.
— 4 mesures à lait.

Série des 7 mesures à huile.
— de 5 mesures en bois.
du double litre au décilitre.
Balance de 2 kilos.
Poids fonte : 5 kilos.
— 2 —
500 grammes.
200 —

Poids fonte : 100 grammes.
— 50 —
Poids cuivre pesant 500 gr.
Boîte contenant des pièces de monnaie.
1 tableau donnant le poids, les dimensions et le titre des pièces de monnaie.

3

Objet composant les compendiums métriques.

Globe terrestre de 8 centimètres.....	1	50
Mètre pliant 10 branches............	»	50
— plat pliant en deux..........	1	30
Chaîne d'arpenteur................	3	»
Décamètre à ruban.................	1	»
Décimètre cube démontable........	1	75
Double décimètre..................	»	15
Série de 7 mesures à vin en fer-blanc.	6	25
Mesures à vin en fer-blanc : litre....:	1	80
— — demi-litre..	1	30
— — double-décil.	1	»
— — décilitre....	»	70
— — demi-décil..	»	60
— — double-cent.	»	50
— — centilitre...	»	40
Série de 4 mesures à lait..........	1	70
Mesures à lait : litre................	»	70
— demi-litre...........	»	50
— double décilitre.....	»	40
— décilitre............	»	35
Série de 7 mesures à huile.........	2	35
Mesures à huile : litre.............	»	70
— demi-litre........	»	50
— double décilitre....	»	40

Mesures à huile : décilitre........	»	35
— demi-décilitre...	»	30
— double-centilitre.	»	25
— centilitre......	»	25
Mesures en bois : double-litre.....	1	10
— litre.............	»	65
— demi-litre........	»	65
— double décilitre..	»	65
— décilitre.........	»	65
Balance Roberval 1 kilo...........	7	50
— 2 kilos..........	10	»
Poids en fonte : 5 kilos.............	1	75
— 2 —	»	85
— 1 —	»	50
— 0k500.............	»	45
— 0k200.............	»	25
— 0k100.............	»	20
— 0k050.............	»	20
Poids cuivre : série faisant 1.000 gram.	5	95
— 500 —	3	75
— 200 —	2	65
— 100 —	1	75
— 50 —	1	60
Monnaies (Boîte de)...............	»	75

Objets complémentaires pour compendiums.

Thermomètre alcool.	1	50
— mercure.	2	»
Machine à vap. depuis.	7	»
Loupe..........	1	»
Miroir plan........	5	»
— concave......	5	»
— convexe......	5	»

Diapason..........	1	35
Boussole...........	1	25
Lampe de Davy (fig. 42)	12	»
Aimant............	1	»
Fil à plomb........	1	50
Niveau de maçon....	2	75
Niveau d'eau.......	1	50

Vases communiquants	3	»
Siphon.............	1	50
Pipette............	»	50
Aréomètre (fig. 41)...	1	50
Baromètre métallique		
(fig. 44)...........	7	»
Alcoomètre (fig. 40)..	1	75

  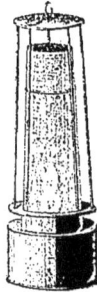 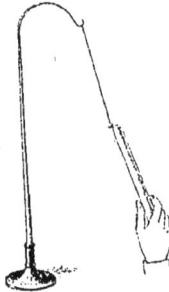 

Fig. 40   **Fig. 41**   **Fig. 42**   **Fig. 43** Pendule à   **Fig. 44**
Alcoomètre.   Aréomètre.   Lampe Davy.   balle de sureau.   Baromètre métallique.

Fig. 45 Pile-   **Fig. 46**   **Fig. 47**   **Fig. 48**   **Fig. 49**
bouteille gr. mod.   Pile Leclanché   Electro-aimant.   Voltamètre.   Bobine d'induction.

Bâton de caoutchouc.	3	»	Bobine d'induction..	9 50
— de verre.....	1	50	Table d'expérience pe-	
Pendule à balle de su-			tit modèle.........	8 »
reau (fig. 43)......	4	»	Table d'expérience	
Pile bouteille..	3 et	4	»	grand modèle.....	19 »

Pile bouteille grand		
modèle (fig. 45).....	4 » 5 »
Pile Leclanché (fig. 46)	3 » 4 »
Voltamètre (fig. 48)..	5 » 6 »
Electro-aimant (fig. 47).	2 50

BOULIERS COMPTEURS

G

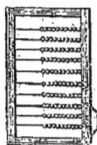

Boulier à main
Fig. 50

Boulier à anneau pour suspendre
Fig. 51

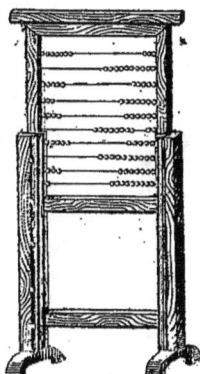

Boulier compteur
sur pied. **Fig. 52**

Boulier à main **fig.** 50 de 0.23×0.14......... 1 »
—   —   0.35×0.25......... 2 »
Boulier à anneau **fig.** 51 de 0.40×0.30......... 3 »
—   —   0.55×0.42......... 6 »
—   —   0.80×0.55......... 9 »
Bouliers de 0.55×0.42 sur pied, hauteur totale 1 m. 30 **fig.** 52, prix.. 13 »
—   de 0.80×0.55   —   —   1 m. 60   —   17 »
Ces deux types sont démontables pour le transport.

NUMÉRATEUR-CALCULATEUR-MÉTRIQUE

BREVETÉ S.G.D.G.

G   de M. C.-R. JOUVE, Inspecteur Primaire

Le Numérateur-Calculateur-Métrique de M. Jouve se compose d'une règle massive percée de 4 séries de 10 trous d'une grandeur différente, les nombres quelconques de 0 à 10.000 (4 premières sortes d'unités) se forment dans le sens de l'écriture des nombres, à l'aide de 4 séries de 10 bâtonnets, de longueur métrique et de couleurs différentes qui se placent dans les trous d'une grandeur correspondante, 4.683 se présente ainsi :

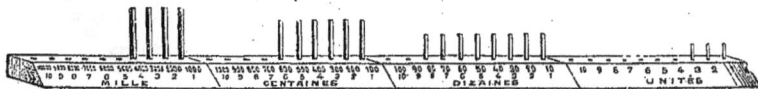

Fig. 53. — Numérateur-Calculateur-Métrique de M. C.-R. Jouve.

L'élève voit ce nombre *intuitivement* dans son ensemble et dans ses diverses parties : 4.000, 600, 80, 3, en ajoutant ou en retranchant des bâtonnets, le nombre 4.683 varie *instantanément*, de sorte que l'idée si abstraite des nombres devient, avec ce système, claire, facile, même pour les moins bien doués.

Économie de travail et de temps, sûreté des connaissances acquises, matérialisation intelligente du calcul, moyen sûr d'employer utilement les moniteurs et de faire agir plusieurs élèves à la fois... Tels sont les avantages *indéniables* que ce nouvel appareil présente au point de vue pédagogique.

Prix du numérateur avec les fiches........................... 8 »

ᴳ TABLEAU NUMÉRATEUR CALCULATEUR

Par J. BARRÈRE, Instituteur

Ancien élève de l'Ecole Normale de Tarbes

Le tableau numérateur calculateur de M. J. Barrère (fig. 54) se compose, comme le montre la figure ci-contre, d'un cadre un peu large dans l'intérieur duquel se trouvent des fils de fer servant à suspendre des fiches ; un autre fil de fer laissé libre permet à l'élève de venir y fixer les fiches nécessaires pour y figurer le nombre qu'il veut écrire ; ainsi, dans le nombre 653, l'élève prendra 6 fiches des centaines, 5 fiches des dizaines et 3 fiches des unités ; un tableau ardoisé qui se trouve à la partie inférieure, permet à l'élève d'écrire le chiffre énoncé. Pour que l'élève ne confonde pas les fiches, nous les mettons de grosseur et de couleurs différentes.

Ce tableau pourra donc servir non seulement à apprendre à écrire les nombres, mais encore aux principes des quatre règles, addition, soustraction, multiplication, division.

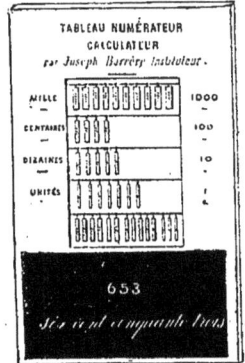

Fig. 54

Avec le tableau ardoisé, 1.10×0.60	**16** »
Sans tableau ardoisé, 0.78×0.60..................	**12** »

COMPTEUR-NUMÉRATEUR

ᴳ

Par R. MATHON, Instituteur

MODÈLE DÉPOSÉ

Le compteur-numérateur de M. R. Mathon (fig. 55) comprend 10 tiges en fer, avec 10 cubes sur chaque tige ; il est visible des deux faces qui correspondent chacune à un enseignement différent. *Le recto* est surtout destiné aux débutants du cours préparatoire ; chaque cube portant le chiffre appelé par l'enfant, qui, lorsqu'il prononcera le chiffre *un*, fera glisser le cube portant ce chiffre ; l'enfant apprendra donc en même temps à compter et à lire les chiffres. *Le verso* sera très utile pour le cours complémentaire. Les élèves verront que chaque *classe* : unités, mille millions, milliards, se décompose en 3 ordres, les unités, les dizaines, les centaines ; on pourra à

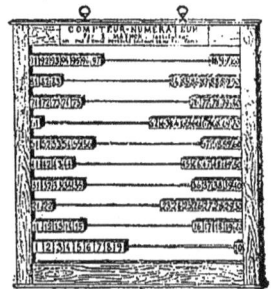

Fig. 55

l'aide de ces cubes de couleurs différentes, leur apprendre à écrire les nombres.

Cet appareil mesure 0.66×0.64............................ **15** »

NOUVEAUX TABLEAUX
DU SYSTÈME MÉTRIQUE
EN 4 TABLEAUX AVEC ÉCHANTILLONS EN NATURE
MESURANT CHACUN 0.62×0.40 AVEC OEILLET POUR LES SUSPENDRE

Tous les poids et mesures sont figurés en grandeur nature, de nombreux échantillons accompagnent ces tableaux, afin d'en rendre la démonstration plus facile.

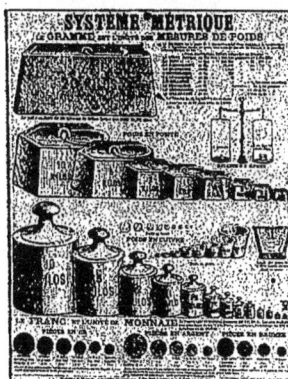

Fig. 56, 57, 58, 59

Les 4 tableaux du système métrique avec échantillons en nature........ **12** fr.

Les Tableaux se vendent séparément aux prix ci-après indiqués

N° **1. Mesures de longueur.** Mètre, chaîne d'arpenteur, décamètres, surfaces ; 3 échantillons en nature : mètre pliant en deux, double décimètre, modèle de démonstration du mètre carré.......... **4** fr.

N° **2. Mesures de volume.** Mètre cube, stère ; mesures de capacité ;

1 échantillon : décimètre cube démontable............... **3** fr.

N° **3. Mesures de capacité.** Mesures à vin, à lait, à huile, éprouvette graduée................... **2** fr.

N° **4. Poids** en fonte, en cuivre, balance, monnaies : 15 fac-similés (moulages) de pièces de monnaie d'or, d'argent et de cuivre........ **4** fr.

ÉCOLES MATERNELLES

ET CLASSES ENFANTINES

Méthode de Mlle MATRAT, adoptée par les villes de Paris, Lyon, Saint-Étienne, etc.

Les programmes des écoles maternelles, qui s'appliquent aussi aux classes enfantines des écoles primaires, disent *que tous les exercices doivent aider au développement de l'enfant, sans fatigue, sans contrainte, sans excès d'application; ils sont destinés à lui faire aimer l'école, à lui donner de bonne heure le goût du travail, en ne lui imposant jamais un genre de travail incompatible avec la faiblesse et la mobilité du premier âge.*

MATÉRIEL DE DÉMONSTRATION

G

A L'USAGE DE LA MAITRESSE

TABLEAUX MURAUX mesurant 65 × 52, représentant les principaux animaux et les plantes les plus utiles. Grandes figures coloriées de grandeur naturelle ou figurées à l'échelle.

Ces tableaux sont collés sur carton bordé noir, avec œillet pour les accrocher au mur.

NOMS DES PRINCIPALES PARTIES DU CORPS HUMAIN, DES PRINCIPAUX ANIMAUX DE LA CONTRÉE, DES PLANTES SERVANT A L'ALIMENTATION OU LES PLUS VISIBLES POUR L'ENFANT

111. Squelette de l'homme (1), montrant les os qui constituent la charpente du corps et indiquant les différentes parties.............. 4 »

Fig. 60.— Tableau n° 114.

112. Homme, montrant les différents organes de la poitrine et du ventre et un œil très grossi............. 2 25

113. Chien, Loup, Renard. — Ces trois animaux sont placés chacun dans son allure particulière, avec des expressions diverses qui dénotent leur caractère respectif.......... 2 25

114. Lapin, Lièvre, Ecureuil. — Nous avons représenté ces trois rongeurs de grandeur naturelle............ 2 25

115. Vache, Mouton. — Ces animaux domestiques sont figurés de grandeur relative dans une prairie........ 2 25

116. Ane, Cheval. — Le cheval boulonnais, bai brun, aux belles formes, de grande taille, est attelé avec un âne gris de grandeur moyenne..... 2 25

117. Sanglier, Porc. — Ce tableau représente un sanglier, fier et bien planté,

Fig. 61.— Tableau n° 131.

type sauvage, et un porc, animal domestique.................. 2 25

118. Coq, Poule, Poussins. — Un coq hautain et majestueux regarde d'un air protecteur la poule qui cherche la nourriture des poussins qu'elle appelle.................. 2 25

119. Canard, Cane et Canetons. — Tous sont sur l'eau, nageant de compagnie..................... 2 25

120. Oiseaux. — Dans le ciel, une nuée d'hirondelles prennent leurs ébats; de placides pigeons regardent une bande de moineaux posés à terre. Ces oiseaux sont de grandeur naturelle.... 2 25

(1) Pour éviter toute confusion avec les 110 tableaux du Musée scolaire, que nous avons édités pour les écoles primaires, nous suivons ici le numérotage.

121. Carpe, Brochet, Perche, Goujon. — Principaux poissons de rivière représentés de grandeur naturelle... 2 25

122. Hareng, Morue, Sardine. — Ces espèces de poissons marins pénètrent partout; mais que d'erreurs sur leur compte! Bon nombre d'enfants croient que la morue est un poisson plat; que le hareng est toujours jaune comme quand il est sauri; que la sardine n'a jamais de tête............... 2 25

123. Abeilles, Ver à soie. — L'histoire d'une ruche montre les gâteaux de cire, le miel contenu dans les alvéoles. Nous leur avons montré les métamorphoses du ver à soie, la chenille, la chrysalide, le papillon, le cocon. 2 25

124. Pommier. — Nous avons figuré le pommier en fleur, en figure réduite, avec une bande d'enfants dansant en rond, de façon à ne laisser aucun doute dans leur esprit sur la taille de l'arbre.................... 2 25

125. Chêne. — Nous l'avons représenté sur le bord d'un bois, et, pour bien donner sa taille, la même bande d'enfants qui est autour du pommier danse au pied du chêne........... 2 25

126. Vigne. — Nous avons représenté un pied de vigne grimpant tout le long d'une treille, puis une grappe de raisin et des feuilles de grandeur naturelle...................... 2 25

127. Pomme de terre. — Est représentée par une figure montrant les tubercules en terre, la plante et sa fleur... 2 25

128. Carotte. — Cette plante est représentée comme la pomme de terre.. 2 25

129. Lin, Chanvre, Coton. — Ces plantes nous fournissent des fibres textiles avec lesquelles on fait un grand nombre de tissus; nous avons représenté les trois types de grandeur naturelle, et, pour permettre de montrer la matière employée industriellement, nous avons ajouté des échantillons en nature...................... 2 25

130. Betterave. — La maîtresse doit parler du sucre; nous avons figuré la betterave, que beaucoup d'enfants ne connaissent pas; elle est représentée de grandeur naturelle.......... 2 25

131. Blé, Maïs, Riz. — Ces trois plantes sont celles qui nous rendent le plus de services parmi les céréales figurées sur le même tableau. Une poule placée à côté donne l'échelle de grandeur des plantes............... 2 25

132. Fruits: Abricot, Pêche, Cerises, Poire, Figue, Orange, Olives, Noix, Fraises, Prunes Reine-Claude, Prunes de Monsieur, montrent aux enfants les meilleurs fruits de notre pays.......... 2 25

133. Couleurs, Nuances, Tons. — Ce tableau, indispensable pour l'étude des couleurs et des nuances, donne, par exemple, pour les couleurs : rouge, bleu, vert, noir, rouge, etc.; pour les nuances : rose, lilas, violet, brun, gris, etc.; pour les tons : rouge clair, rouge foncé, bleu clair, bleu foncé, etc..... 3 25

Ces 23 tableaux (dont un double)................................. **50** »

Les mêmes, en texte espagnol ou portugais....................... **50** »

G **Nos Bêtes.** Manuel explicatif des tableaux représentant les animaux.. 1 50

C   OBJETS SERVANT A L'HABITATION, A L'ALIMENTATION, AU TRAVAIL

Collection de pierres et métaux, comprenant des échantillons de 8 c. × 10 dans des cuvettes en carton, avec étiquettes : Marbre. — Granit. — Pierre ponce. — Soufre natif. — Silex ou pierre à feu. — Calcaire ou pierre de taille. — Craie. — Grès. — Ardoise. — Gypse. — Plâtre cuit, — Houille. — Minerais de fer — de zinc — de plomb — de cuivre. — Les 16 échantillons................ 12 »

Collection de bois industriels, morceaux de troncs d'arbres avec l'écorce, de taille moyenne, de 10 c. de longueur. — Bouleau. — Charme. — Chêne-liège. — Buis... 2 50

Miroir, avec cadre en bois mesurant environ 35 c. × 30 c.............. 3 »

Plaque de laiton bien lisse encadrée............................ 1 50

Plaque de tôle rugueuse encadrée.............................. 1 50

C   COULEURS, NUANCES, FORMES

Les couleurs sont représentées sur le tableau n° 133, couleurs, nuances, tons. 3 25

Cube en bois de 0.05 cent. sur chaque face...................... » 40

Cylindre en bois coupé horizontalement d'un côté, montrant le cercle, et obliquement de l'autre, montrant l'ovale...................... » 35

Œuf en porcelaine, montrant l'ovale irrégulier.................... » 30

C   ODEURS, SAVEURS

Benzine, Cannelle, Camphre, Essence de Mirbane, les quatre types en flacons... 2 50

C   DIFFÉRENCE DU CHAUD ET DU FROID

Thermomètre grand modèle sur tableau de 65 × 52 c. monté sur carton et bois 2 50

C   OBSERVATIONS SUR LA DURÉE : HEURE

L'horloge, **fig. 62**, pour apprendre l'heure aux enfants, sur un tableau en carton mesurant 65 c. × 52 c., est un grand cadran de 40 c. de diamètre ; les minutes et la grande aiguille sont en rouge, les heures et la petite aiguille sont en noir ; un mouvement d'horlogerie permet de faire marcher les aiguilles avec la vitesse relative. 3 50

Avec pied en bois pour tenir le cadran.... 6 »

Fig. 62.

C   L'AIR

Girouette montée sur pied, avec lettres indiquant les quatre points cardinaux et boussole pour l'orienter... 5 »
Biniou en caoutchouc avec flûte.................................... » 75
Verres communiquant par tube.................................... 2 75

C   POIDS

Balance, fig. 63, avec pied en fonte, fléau aciéré, et deux plateaux en-cuivre, instrument d'une grande exactitude et d'un modèle spécial pour rendre bien sensible les démonstrations. 6 50

Poids d'un kilogramme en fonte.......... » 50
— 500 grammes en fonte............. » 45
— 200 — .... » 25
— 100 — .... » 20
Litre, mesure en bois.................. » 65

Fig. 63.

C   MATÉRIEL D'APPLICATION POUR LES ÉLÈVES

G **Jeux et combinaisons**. — Manuel explicatif du matériel d'application destiné aux élèves et du matériel de démonstration ; il donne par des figures en noir les différents jeux que l'on peut montrer aux élèves avec les bâtonnets, les cubes, les billes, les lattes, etc., et avec de nombreuses planches en couleurs, les différents dessins des jeux de mosaïques, des bandes de couleurs, des pailles de tissage, etc., vol. in-12............................ 2 »

C   Fig. 64.   Fig. 65.   Fig. 66.

Lattes en bois (fig. 64, 65, 66) de 20 cent. de long × 1 cent. de large, le cent, 1 10 ; le mille 9 50
Bâtonnets de 0.05 centimètres, le cent, 0 15 ; le mille................ 1 »
— de 0.10 — — 0 25 ; — 1 65
Billes en terre de 30 millim. de couleurs différentes, la douz. 1 30 ; le cent. 9 50
Boîte contenant 10 billes de couleurs différentes........................ 1 »
Cubes de 25 millimètres, en bois, le cent, 1 75 ; le mille.... .... 15 »
Boîte en bois contenant 10 cubes de 25 millimètres.... .... » 40

C **Jeu du litre**, décimètre cube en fer-blanc contenant des morceaux de bois permettant toutes les combinaisons,... 1 25

Fig. 67   **Fig. 68**   **Fig. 69**

Anneaux en fer, fig. 67, 68, 69 :

		Cercle.		Demi-cercle.	
diamètre 25 m/m, le cent.	2. »,	le mille 18 50 ;	le cent. 1.25, le mille.	10 »
— 40 m/m	— 2.25,	— 20 »;	— 1.50,	— 10 50
— 50 m/m	— 3.50,	— 30 »;	— 1.75,	— 16 »

La boîte contenant 12 anneaux et 40 demi-anneaux dimensions assorties... 0 50

 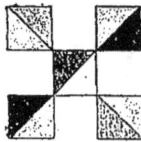 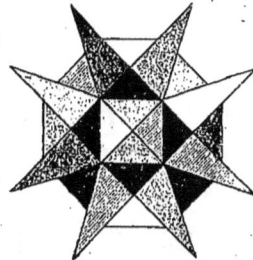

Fig. 70   **Fig. 71**   **Fig. 72**

Mosaïques de toutes couleurs, fig. 70, 71, 72. La boîte contenant 150 mosaïques 1 75

Papier pour tissage. — Bande de papier glacé de couleurs assorties de 0,25 cent. de long × 0.02 cent. de large, le cent........................... 0 30

Cadres en fer de 0.17 × 0.11 pour le tissage avec bagues et traverses, la pièce... 0 35

Pailles de couleurs, la botte de quatre couleurs assorties............ 0 50

Monnaies (imitations). — Boîte pour apprendre aux enfants à compter, contenant : pièces or de 20 et de 10 francs; pièces argent de 5 fr., de 2 fr., deux de 1 fr et de 50 centimes; pièces bronze, 4 de 0.10, 3 de 0.05, 2 de 0.02, 1 de 0.01, la boîte permettant de compter jusqu'à 40 francs............................. 0 75

F

NOUVELLE MÉTHODE D'ÉCRITURE

Par B. SUBERCAZE, Inspecteur primaire à Paris.

La méthode comporte 10 cahiers.

Chaque cahier, 0 fr. 10. Le cent de cahiers assortis..................... 9 »

Les cahiers 1 à 4 sont destinés plus spécialement aux écoles maternelles; et les suivants, les cahiers 5 à 10, aux cours élémentaires des écoles primaires, aux classes inférieures des collèges et des lycées.

Spécimen gratis et franco sur demande.

F

NOUVELLE MÉTHODE DE CALCUL

Par B. SUBERCAZE, Inspecteur primaire à Paris.

Cette méthode comprend 4 cahiers.

Chaque cahier, 0 fr. 10. Le cent de cahiers assortis..................... 9 »

Ces quatre cahiers se rapportent aux exercices des quatre règles, addition, soustraction, multiplication, division.

Spécimen gratis et franco sur demande.

BONS POINTS

GRAVÉS ET COLORIÉS DE 0.10×0.07

F   représentant les animaux utiles ou nuisibles, les plantes alimentaires, industrielles ou vénéneuses.

Avec légende au verso de chaque Bon point.

Le cent, *franco*................. 2 » | Le mille assortis, 15 fr., *franco*.. 15 85

Fig. 73. — Recto du Bon point.   Fig. 74. — Verso du Bon point.

F

TABLEAUX DE COUTURE
POUR L'ENSEIGNEMENT PRATIQUE DES TRAVAUX A L'AIGUILLE

Comprenant pour chaque point **des modèles en nature, des dessins et des légendes explicatives** (voir fig. 75).

Cette méthode de couture comprend 28 leçons, chaque leçon donne l'indication du travail, un dessin explicatif et un modèle en nature des différents points (points devant, bâti, surjet, point arrière, point en piqûre, ourlet, ourlet piqué, couture surfilée, double, rabattue, point de chausson, couture rabattue à points de chausson, point en croix, marquage de linge, point de chainette, pose de boutons, boutonnière, bride, agrafe et porte, coulisse, fronces, montage des fronces, point roulé, attache des rubans, pose de galons, pose de pièce, reprises); un morceau d'étoffe, pour l'élève exécuter le travail de la leçon, accompagne chaque tableau.

Fig. 75. — Leçon nº 13. Couture rabattue à points de chausson.

En outre des 28 leçons nous avons ajouté un tableau comprenant la taille et confection d'une bavette et d'un tablier serviette ; nous avons joint un patron en papier, pour que l'élève puisse le suivre pour la coupe de chacun de ces deux objets.

Le tout contenu dans une boîte, avec un chevalet pour tenir les tableaux devant l'élève, et une courroie pour fixer l'étoffe........................... 10 50

C

NÉCESSAIRE POUR LES TRAVAUX DE COUTURE

Le nécessaire pour l'application de la méthode de couture ci-dessus comprend les fils, dés, aiguilles, passe-lacets, ruban, coulisse, boutons, agrafes, etc., qui devront servir pour les leçons ; nous avons ajouté un crochet pour permettre à la maîtresse de montrer les premiers points de crochet, le tout contenu dans une boîte cartonnage....................................... 3 50

MUSÉE SCOLAIRE

POUR

LEÇONS DE CHOSES

disposé en **TABLEAUX MURAUX** collés sur carton
avec dessins coloriés
et échantillons en nature ; chaque tableau mesure 0.58 × 0.47,
en usage dans toutes les écoles de France et de la ville de Paris.
Adopté par le Ministère de l'Instruction publique, la Ville de Paris, etc.

PREMIÈRE SÉRIE

G Cette première partie comprend les généralités.
Chaque tableau peut être vendu séparément aux prix ci-dessous :

Fig. 76. — Tableau n° 4.

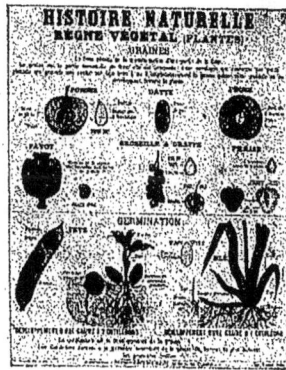

Fig. 77. — Tableau n° 10.

Nos	fr. c.
1. Homme. — Respiration, Circulation du sang, Digestion	2 »
2. Homme. — Organes des sens, Ouïe, Vue, Odorat, Goût, Système nerveux	2 »
3. Vertébrés. — Mammifères, Système dentaire, Mammifères destructeurs d'insectes	2 »
4. Vertébrés. — Oiseaux utiles à l'agriculture, Œuf, son organisation	2 »
5. Vertébrés. — Reptiles auxiliaires de l'agriculture, Serpents, Organisation des Poissons	2 »
6. Articulés. — Insectes utiles, nuisibles et auxiliaires	2 »
7. Articulés. — Crustacés comestibles, Vers intestinaux et parasites, Mollusques et Rayonnés, leur organisation	2 »
8. Plantes. — Développement des tiges, bois industriels. Quinze échantillons en nature	4 »
9. Plantes. — Feuilles et fleurs, leur organisation, leur rôle dans la nature	2 »

Nos	fr. c.
10. Plantes. — Fruits, Graines, Germination	2 »
11. Plantes. — Ombellifères (Carottes), Solanées (Pomme de terre)	2 »
12. Plantes. — Légumineuses (Haricot), Labiées (Ortie blanche), Rubiacées (Garance)	2 »
13. Plantes textiles. — Urticées (Chanvre), Malvacées (Coton), Linées (Lin)	2 »
14. Plantes. — Oléacées (Olivier), Rosacées (Pommier), Crucifères (Colza), Ampélidées (Vigne)	2 »
15. Plantes. — Composées (Chardon, Camomille, Chicorée)	2 »
16. Plantes. — Conifères (Sapin), Cupulifères (Chêne)	2 »
17. Plantes. — Graminées (Blé), Liliacées (Oignon)	2 »
18. Plantes. — Fougères, Champignons, Mousses, Lichens, Algues	2 »
19. Minéralogie. — Vingt échantillons naturels des minéraux les plus usités	3 50
20. Géologie. — Formation de la terre, Roches, Animaux et végétaux fossiles, deux échantillons	2 25

Cette première série se vend y compris le manuel explicatif et la caisse à charnières contenant les tableaux

En texte français, avec manuel.................... **35** fr.
En texte anglais (manuel en français)............. **35** fr.
En texte espagnol (manuel en français)........... **35** fr.
G Manuel explicatif pour le maître : **1** fr. **50** ; — pour l'élève (cartonné) : **0** fr. **90**.
Chaque tableau collé sur carton se vend séparément aux prix indiqués ci-dessus.
Chaque tableau en feuille *sans échantillons* se vend **1** fr. **50** pièce.

DEUXIÈME SÉRIE

G   Chaque tableau se vend isolément aux prix indiqués ci-dessous.
Chaque tableau se vend en feuilles *sans échantillons* au prix de **1 fr. 50.**

ÉLÉMENTS D'AGRICULTURE

Nos	fr. c.
21. Tiges et racines, leur organisation et leurs fonctions........	2 »
22. Définition des organes de la nutrition et de l'accroissement. — 2 échantillons en nature.....	2 25
23. Bourgeons et **feuilles,** leur composition...............	2 »
24. Fleur, son organisation. **Reproduction** des végétaux........	2 »
25. Fruits, Graines, la germination................	2 »
26. Cryptogames, organisation et reproduction	2 »
26 bis. Engrais. — 24 échantillons.	4 »
26 ter. Engrais. — Emplois et résultats. — 6 échantillons......	3 »
Les huit tableaux collés sur carton.	19 25

Fig. **78**. — Tableau nº 29.

PLANTES ALIMENTAIRES

	fr. c.
27. Fève, Pois chiche, Lentille, Haricot, Vesce, Pois, Sarrasin, Moutarde. — 8 échantillons......................	3 »
28. Café, Cacao, Thé. — 6 échantillons.................	2 75
29. Céréales. — Avoine, Riz, Maïs, Millet, Blé barbu, Blé sans barbe, Blé poulard, Orge, Orge à six rangs, Seigle, Epeautre, Blé dur. — 12 échantillons...........	3 75
30. Blé, ses produits. — Amidon. Gluten, panification et produits. — 21 échantillons.........	4 25
31. Aromates. — Cannelier, Giroflier, Vanille, Poivrier, Muscadier. — 5 échantillons........	2 50
32. Sucre. — Canne à sucre, Betterave, Erable à sucre. — 3 échantillons...............	2 75
33. Oléagineuses. — Arachide, Sésame, Palme, Ricin, Cacao, Olive, Noix. — 7 échantillons...	2 75
34. Oléagineuses. — Cameline, Navette, Œillette, Amande douce, Lin, Chènevis, Colza. — 7 échantillons................	2 75
Les huit tableaux collés sur carton.	24 50

PLANTES INDUSTRIELLES

Nos	fr. c.
35. Tinctoriales. — Gomme gutte, Campêche, Indigo, Safran. — 8 échantil. bruts et ouvrés.......	3 »
36. Tinctoriales. — Garance, Carthame, Orseille, Nerprun. — 8 échantil. bruts et ouvrés.....	3 »
37. Textiles. — Lin, la plante, les produits bruts et ouvrés. — 12 échantillons.............	3 50
38. Textiles. — Chanvre, la plante les produits bruts et ouvrés. — 11 échantillons............	3 50
39. Textiles. — Coton, la plante et les produits de toutes les parties du monde, avec les produits bruts et ouvrés. — 22 échantillons....	4 »

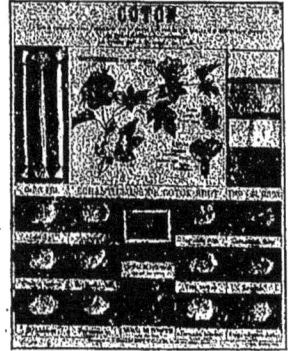

Fig. **79**. — Tableau nº 39.

	fr. c.
40. Gommes, Résines. — Gomme arabique, Copal, Adragante, Benjoin. — 4 échantillons......	2 75
41. Caoutchouc. — Ficus elasticus Siphonia cahuchu. — **Gutta-Percha.** — Isonandra percha. — 4 échantillons...........	2 40
Les sept tableaux collés sur carton.	22 15

BOIS INDUSTRIELS

	fr. c.
42. Bouleau, Noyer, Aulne, Charme. — 12 échantillons.............	3 »
43. Pommier, Poirier, Alisier, Merisier. — 12 échantillons........	3 »
44. Acacia, Frêne, Orme, Platane. — 12 échantillons............	3 »
45. Marronnier, Tilleul, Erable, Sycomore. — 12 échantillons....	3 »
46. Mélèze, Pin Sylvestre, maritime, Epicea. — 12 échantillons	3 »
47. Chêne, Chêne-Liège, Châtaignier Hêtre. — 12 échantillons.......	3 »
48. Peuplier blanc, d'Italie, Tremble, Saule. — 10 échantillons......	3 »
49. Houx, Buis, Cormier, Cornouiller. — 12 échantillons.........	3 »
Les échantillons de bois représentent, pour chaque sorte, la coupe transversale, l'écorce et le bois de fil.	
Les huit tableaux collés sur carton.	24 »

PLANTES VÉNÉNEUSES

G
Nos   fr. c.

50. Morelle, Belladone, Stramoine, Digitale, Jusquiame, Colchique, Ergot de seigle..............   2 »

51. Chelidoine, Renoncule, Ciguë, Bryone, Euphorbe, Réveille-matin, Anémone, etc.........   2 »

Les deux tableaux collés sur carton.   4 »

CHAMPIGNONS

52. Comestibles. — Avec indications sur les moyens de les reconnaître...................   2 »

53. Vénéneux.—Renseignements sur la façon de les traiter pour éviter les accidents..........   2 »

Les deux tableaux collés sur carton.   4 »

PAPIER

54. Matières premières et produits fabriqués. — 23 échantillons...   4 »

55. Machine à papier et cuves broyeuses...................   2 »

Les deux tableaux collés sur carton.   6 »

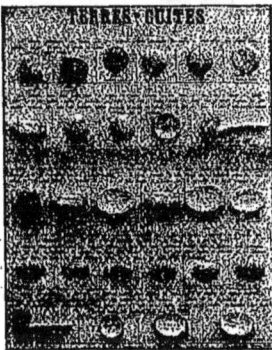

Fig. 80. — Tableau n° 70

HOUILLE

56. Les principales sortes de houille et les plantes qui ont formé la houille. — 6 échantillons.....   2 60

57. Le gazomètre et la fabrication du gaz. — 4 échantillons......   3 40

58. Les produits des résidus du gaz. — 30 échantillons............   5 »

59. La mine de houille, les outils d'extraction..................   2 »

Les quatre tableaux collés sur carton   13 »

MÉTALLURGIE

60. Fer. — Minerais principaux, traitement de la fonte et produits. — 18 échantillons......   5 50

61. Fer. — Haut fourneau. — 1 échantillon................   2 25

62. Fer.—Marteau-pilon, trains de laminoirs. — 3 échantillons...   3 »

63. Fer. — Fours à acier, fabrication. — 8 échantillons........   3 50

64. Zinc. — Minerais principaux, traitement, produits et alliages. — 21 échantillons,........   4 50

65. Zinc.—Appareils pour le traitement des minerais..........   2 »

Nᵒˢ   fr. c.

66. Cuivre.—Minerais, traitement et produits. — 25 échantillons.   6 »

67. Plomb.—Minerais, traitement et produits. — 21 échantillons.   5 50

Les huit tableaux collés sur carton.   32 25

CÉRAMIQUE ET VERRERIE

68. Terres cuites, Faïence et Grès. — Matières premières, traitement et produits. — 22 échantillons................   5 »

69. Four à poterie, instruments de travail..................   2 »

70. Faïence fine et Porcelaine. — 27 échantillons.   5 »

71. Four à faïence et instruments.   2 »

72. Verre. — Composition, traitement, produits. — 17 échantillons................   4 »

73. Four à verrerie et instruments de travail...................   2 »

Les six tableaux collés sur carton.   20 »

CUIR

74. Tannage. — Produits bruts et ouvrés. — 30 échantillons.....   5 »

Fig. 81. — Tableau n° 71.

LAINE-POILS TEXTILES

75. Laine. — Matières premières, provenant des cinq parties du monde, traitement et produits. — 27 échantillons............   4 50

76. Poils textiles. — Matières premières, traitement et produits. — 10 échantillons.....   5 50

77. Machine à tisser. — 1 échantillon......................   2 25

Les trois tableaux collés sur carton.   12 25

HISTOIRE DE LA TERRE

78. Terrains. — Terrains cristallins et primaires, avec les roches et les fossiles les plus caractéristiques. — 19 échantillons.....   4 »

79. Terrains secondaires et tertiaires, avec les roches et les fossiles les plus caractéristiques. — 22 échantillons......   4 50

80. Terrains quaternaires et modernes. — 12 échantillons.....   3 50

81. Minéraux industriels. — 25 échantillons...............   4 »

Les quatre tableaux collés sur carton.   16 ».

G

INSECTES-NUISIBLES

Nᵒˢ fr. c.

82. Doryphore de la pomme de terre. — **Phylloxera** de la vigne .... 2 »
83. Insectes nuisibles aux arbres forestiers et d'avenue......... 2 »
84. Insectes nuisibles aux arbres fruitiers..................... 2 »
85. Insectes nuisibles aux plantes potagères, aux céréales........ 2 »
86. Insectes nuisibles à l'homme, aux animaux domestiques..... 2 »
Les cinq tableaux collés sur carton. 10 »

INSECTES UTILES

87. L'Abeille, son éducation, ses produits..................... 2 »
88. Soie. — Les vers à soie du mûrier, de l'ailante, du chêne, éducation et produits.—9 échantil.,. 3 50
Les deux tableaux collés sur carton. 5 50

Fig. 82. — Tableau nᵒ 94.

ANIMAUX UTILES ET NUISIBLES

INVERTÉBRÉS

89. Infusoires.—Goutte d'eau très grossie montrant des infusoires et leurs moyens de reproduction. 2 »
90. Mollusques, Zoophytes, etc. — Escargot (anatomie), Seiche (Sépia), Méduse, Oursin, Anémone .... 2 »
91. Crustacés, Arachnides. — **Langouste.** — **Scorpion,** anatomie du crochet à venin. — **Araignée,** bouche et glandes filières. — **Acare** de la gale. — **Acare** des volailles........ 2 »
Les trois tableaux collés sur carton. 6 »

POISSONS, REPTILES

92. Poissons. — Squelettes, bouches de Requin, Sole et Lamproie, Torpille avec appareil électrique.—Matières premières. — 4 échantillons............ 3 50

Nᵒˢ fr. c.

93. Reptiles,Batraciens.—Squelette de Tortue. Squelette de Serpent. Métamorphose de la Grenouille. Matières premières. — 3 échantillons............... 2 75
Les deux tableaux collés sur carton. 6 25

OISEAUX

94. Squelette d'oiseau. — Œuf à ses divers degrés d'incubation. 2 »
95. Oiseaux utiles. — Rapaces, Grimpeurs.................. 2 »
96. Oiseaux utiles. — Fissirostres. Dentirostres........... 2 »
97. Oiseaux. — Conirostres, Ténuirostres.................. 2 »
98. Oiseaux. — Echassiers, Gallinacés, Palmipèdes........... 2 »
Les cinq tableaux collés sur carton. 10 »

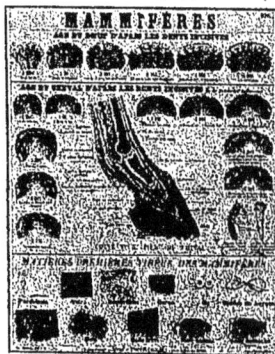

Fig. 83. — Tableau nᵒ 106.

MAMMIFÈRES

99. Marsupiaux, etc. —Sarigue, Ornithorhynque, Tatou....... 2 »
100. Cétacés.— Baleine.— 1 échantillon..................... 2 50
101. Proboscidiens. — Eléphant, échantillon d'ivoire.......... 2 50
102. Pachydermes. — Sanglier. Dentition .... 2 »
103. Ruminants. — Estomac de Mouton, anatomie du pied de Mouton et dentition.......... 2 »
104. Carnassiers et Rongeurs nuisibles à l'agriculture....... 2 »
105. Carnassiers. — Lion, Dentition, Anatomie de l'ongle rétractile............... 2 »
Les sept tableaux collés sur carton. 15 »

ZOOTECHNIE

106. Age du Bœuf et du Cheval d'après les dents. Matières premières tirées des Mammifères. — 11 échantillons........... 3 5

G Nᵒˢ	ANATOMIE HUMAINE	fr. c.

106 *bis.* **Muscles du corps humain.** Homme écorché vu de face, en deux tableaux réunis ensemble......... 4 »

106 *ter.* **Muscles du corps humain.** Homme écorché vu de dos, en deux tableaux réunis ensemble......... 4 »

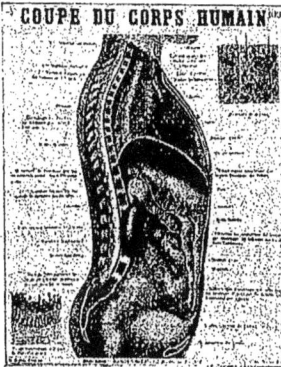

Fig. 84. — Tableau nº 109.

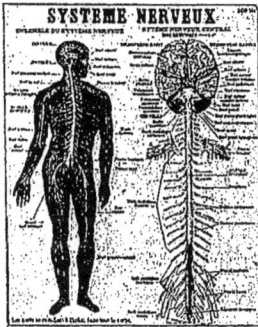

Fig. 85. — Tableau nº 109 *bis.*

107-108. **Squelette humain,** en deux tableaux réunis ensemble................ 4 »

107 *bis.* **Dentition.** Crânes montrant la dentition de l'enfant avec les dents de remplacement, puis la dentition de l'adulte............... 2 »

108 *bis.* **Digestion.** Ensemble de la digestion, dents servant à la mastication des aliments............... 2 »

	Nᵒˢ	fr. c.

109. **Coupe longitudinale du corps humain** vu du côté droit.................... 2 »

109 *bis.* **Système nerveux.** Vue d'ensemble dans le corps humain, cerveau, cervelet, etc................ 2 »

Fig. 86. — Tableau nº 106 *bis.*

109 *ter.* **Cerveaux.** Différentes coupes du cerveau humain, moelle épinière, fibres nerveuses, etc.............. 2 »

110. **Circulation du sang.** Schéma de la circulation, cœur ouvert, veines, artères. 2 »

110 *bis.* **Circulation du sang.** Ensemble de la circulation représentée dans un squelette humain, en deux tableaux réunis ensemble. .... 4 »

Les dix tableaux, dont quatre doubles, prix..................... **28** »

Tous ces tableaux sont en texte français; voir page 32, pour les séries en langues espagnole et portugaise.

Le prix de la deuxième série complète est de...................... **286 65**

L'emballage en trois caisses à charnières est de.................. **9** »

La 1ʳᵉ et la 2ᵉ série ensemble valent................................. **321 65**

Tous les tableaux se vendent séparément aux prix indiqués ci-dessus, ou en feuille *sans échantillons* au prix de 1 fr. 50.

Les échantillons se vendent séparément de 0 fr. 25 à 0 fr. 50.

G

MUSEO ESCOLAR INDUSTRIAL

EN TEXTE ESPAGNOL OU EN TEXTE PORTUGAIS

édité spécialement pour l'Amérique centrale et l'Amérique du Sud.

Ce musée est disposé comme le précédent en tableaux muraux avec dessins coloriés et échantillons en nature.

Nous l'avons divisé en quatre séries. Sa composition a été faite spécialement pour répondre à l'enseignement des pays centre et sud-américains.

Tous les tableaux se vendent séparément aux prix ci-dessous.

PREMIÈRE SÉRIE
TEXTE ESPAGNOL OU PORTUGAIS

ÉLÉMENTS DES SCIENCES NATURELLES

Nos		fr. c.
7.	**Bourgeons, feuilles,** formation et composition	2 »
8.	**Tiges,** organisation et fonctions.	2 »
9.	**Racines,** organisation et fonction	2 »
10.	**Fleurs,** organisation	2 »
11.	**Graine, Germination,** métamorphose pendant la germination	2 »
12.	**Reproduction des végétaux,** par greffes	2 ›
13.	**Plantes sans fleurs,** Mousses, Algues, Champignons	2 »
14.	**Monocotylédones.**—Blé, Maïs.	2 »
15.	**Dicotylédones.** — Fèves, Pois, Haricot	2 »
16.	**Vigne.** — Plante, Fleur, Grappe, etc	2 »
17.	**Mammifères.** — Sarigue, Ornithorhynque, Tatou	2 »

Nos		fr. c.
18.	**Age du Cheval et du Bœuf,** d'après les dents, coupe d'un pied de cheval	2 »
19.	**Oiseaux.** — Squelette de coq, métamorphose de l'œuf	2 »
20.	**Reptiles, Batraciens.**—Squelette de Couleuvre, de Tortue, coupe d'une tête de Vipère, métamorphose de la grenouille	2 »
21.	**Poissons.** — Squelette de la Perche, anatomie de la Carpe, Sole, Requin, etc	2 »
22.	**Mollusques, Rayonnés.** principaux types	2 »
23.	**Crustacés, Arachnides,** principaux types	2 »
24.	**Insectes.** — Les divers ordres.	2 »
25.	**Insectes nuisibles,** Doryphore, Phylloxera	2 »
26.	**Infusoires.** —Dans une goutte d'eau	2 »

La collection des 20 tableaux collés sur carton .... **40 fr.** »

Chaque tableau se vend séparément au prix ci-dessus

DEUXIÈME SÉRIE
TEXTE ESPAGNOL OU PORTUGAIS

LES ANIMAUX ET VÉGÉTAUX UTILES

Nos		fr. c.
27.	**Laines.** — Matières premières, produits bruts et fabriqués. — 27 échantillons	4 50
28.	**Poils textiles.** — Matières premières, traitement et produits fabriqués. — 10 échantillons	5 50
29.	**La Soie.** — Différentes espèces de vers à soie, métamorphoses, élevage, produits bruts et fabriqués. — 9 échantillons	3 50
30.	**Coton.** — Plante. Produits de toutes les parties du monde, bruts et fabriqués. — 21 échantillons.	4 »
31.	**Lin.** — Produits bruts et fabriqués. — 12 échantillons	3 50
32.	**Chanvre.** — Plante. Produits bruts et fabriqués. — 8 échantillons	3 50

Nos		fr. c.
33.	**Ramie.** — Plante. Produits bruts et fabriqués. — 8 échantillons	3 50
34.	**Machine à tisser** donnant le fonctionnement de la chaîne et de la trame. — 1 échantillon	2 25
35.	**Cocotier.** — Plante. Produits bruts et fabriqués. — 6 échantillons	3 »
36.	**Tinctoriales.**—Indigo, Safran, Campêche, Gomme-gutte, plantes, produits bruts, produits teints.— 8 échantillons	3 »
37.	**Gommes et Résines.** —Gomme arabique, Copal, Advagante, Benjoin, plantes, produits bruts, usage. — 4 échantillons	2 50

G

Nos	fr. c.
38. Caoutchouc. — Caoutchouc, Gutta-percha, etc., plantes, produits bruts. — 4 échantillons...	2 50
39. Bois industriels. — Bois employé pour la charpente, la menuiserie, l'ébénisterie, les constructions navales, etc. — 20 types différents...................	4 »
40. Plantes oléagineuses. — Plantes. Produits tirés des plantes pour la fabrication des différentes huiles. — 7 échantillons.......	2 50
41. Plantes médicinales. —Plantes représentant le Quinquina, Salsepareille, Ipeca, etc.......	2 »
42. Tabac. — Plantes. Produits bruts et fabriqués. — 4 échantillons...................	3 »
43. Aromates. — Piment, Cannelle, Vanille, Noix de muscade, plantes et produits tirés de ces plantes. — 5 échantillons.............	2 50

Nos	fr. c.
44. Thé, Cacao, Maté. — Plantes et produits extraits de ces plantes. — 3 échantillons......	2 50
45. Sucre. — Plantes produisant le sucre, Canne à sucre. Érable à sucre, etc. — 3 échantillons....	2 50
46. Céréales. — Avoine, Riz, Maïs, différentes espèces de Blé, Orge, Seigle, etc. Plantes et produits tirés de ces plantes. — 12 échantillons....................	3 50
47. Panification. — Fabrication du pain, produits extraits des céréales, leurs usages, leurs applications. — 21 échantillons......	4 25
48. Fruits indigènes. — Goyave, Ananas, Advocat, Limon, Banane Figures représentant ces différents types de fruits........	2 »
49. Fruits exotiques. — Abricots, Pêches, Cerises, Prunes, Olives, Oranges, Pommes, Fraises, Figues, Poires, etc.............	2 »

La collection des 23 tableaux collés sur carton.............. **70 fr.** »
Chaque tableau se vend séparément au prix ci-dessus.

TROISIÈME SÉRIE
TEXTE ESPAGNOL OU PORTUGAIS

LES INDUSTRIES EXTRACTIVES
LA TECHNOLOGIE

Nos	fr. c.
50. Histoire de la terre. — Terrains cristallins et primaires avec les fossiles les plus typiques. — 19 échantillons..............	4 »
51. Histoire de la terre. — Roches et fossiles des terrains secondaires et tertiaires. — 22 échantillons.............	4 50
52. Histoire de la terre. — Roches et fossiles des terrains quaternaires et actuels. — 12 échantillons.............	3 50
53. Minéraux industriels. — Sels Marbre, Mica, etc. — 25 échantillons..............	4 »
54. Fer. — Minerais principaux, traitement de la fonte. — 18 échantillons...........	5 50
55. Haut Fourneau. — Procédé pour la réduction des minéraux bruts. — 1 échantillon.......	2 25
56. Marteau-pilon. — Trains de laminoirs, employés pour la fabrication du fer. — 3 échantillons représentent les principaux produits..................	3 »
57. L'acier. — Appareil Bessemer pour la fabrication de l'acier, son fonctionnement. — 8 échantillons..................	3 50
58. Le Zinc. — Minerais principaux, produits fabriqués, traitement et alliage. — 21 échantillons......	4 50
59. Four à zinc. — Appareils pour le traitement des minerais......	2 »
60. Cuivre. — Minerai, traitement du minerai et produits fabriqués. — 25 échantillons.............	6 »

Nos	fr. c.
61. Plomb. — Minerai, traitement du minerai et produits fabriqués. — 21 échantillons.............	5 50
62. Terres cuites, Faïence et Grès. — Matières premières, traitement et produits fabriqués. — 22 échantillons.............	5 »
63. Four à faïence, Four à grès et Instruments employés...	2 »
64. Faïence fine et Porcelaine. — Matières premières, traitement et produits fabriqués. — 27 échantillons..............	5 »
65. Four à porcelaine, et instruments employés.............	2 »
66. Verre. — Composition, traitement et produits. — 17 échantillons..............	4 »
67. Four à verre et instruments employés.............	2 »
68. Houille.—Les principales sortes de houille et les plantes qui l'ont formée. — 6 échantillons......	2 50
69. Le gaz d'éclairage. — Appareils employés pour sa fabrication, traitement. — 4 échantillons..................	3 50
70. Produits tirés des résidus du gaz et traitement. — 30 échantillons..................	5 »
71. Mine de houille. — Exploitation, instruments, extraction....	2 »
72. Papier. — Matières premières, transformation, produits fabriqués. — 23 échantillons........	4 »
73. Machines pour la fabrication du papier.	2 »
74. Engrais chimiques et leur emploi. — 13 échantillons......	4 »
75. Engrais naturel et leur emploi. — 18 échantillons......	4 »

La collection des 26 tableaux collés sur carton.............. **95 fr.** »
Chaque tableau se vend séparément au prix ci-dessus.

5

QUATRIÈME SÉRIE

TEXTE ESPAGNOL OU PORTUGAIS

G

ANATOMIE HUMAINE

N^os		fr. c.
1-2.	**Squelette humain** en deux ta-bleaux réunis ensemble........	4 »
3.	**Coupe de face du tronc hu-main**........................	2 »
4.	**Coupe de côté du tronc hu-main**........................	2 »
5.	**Organes des sens.** — Ouïe, Vue, Odorat, Goût, système ner-veux, etc....................	2 »
6.	**Circulation du sang.**—Schéma de la circulation, Cœur, Veines, Artères....................	2 »
76.	**Muscles du corps humain.** Homme écorché vu de face, en deux tableaux réunis ensemble.	4 »
77.	**Muscles du corps humain.** Homme écorché vu de dos, en deux tableaux réunis ensemble..	4 »

N^os		fr. c.
78.	**Dentition.** Crânes montrant la dentition de l'enfant avec les dents de remplacement, puis la dentition de l'adulte..........	2 »
79.	**Digestion.** Ensemble de la di-gestion, dents servant à la mas-tication des aliments..........	2 »
80.	**Système nerveux.** Vue d'en-semble dans le corps humain, cerveau, cervelet, etc..........	2 »
81.	**Cerveaux.** Différentes coupes du cerveau humain, moelle épi-nière, fibres nerveuses, etc.....	2 »
82.	**Circulation du sang.** Ensem-ble de la circulation représentée dans un squelette humain, en deux tableaux réunis ensemble.	4 »

La collection des 12 tableaux collés sur carton.................. **32 fr.** »

Chaque tableau se vend séparément au prix ci-dessus.

La collection complète, composée des quatre séries est vendue.... **235 fr.** »

Renfermée en cinq caisses à charnières comptées, les cinq....... **14 fr.** »

^C ARMOIRE A VOLETS POUR TABLEAUX MUSÉE SCOLAIRE

Cette armoire permet de mettre instantanément sous les yeux des enfants la collection complète des tableaux du Musée Scolaire lorsqu'on ne dispose pas d'une surface murale suffisante, et de les tenir constamment à l'abri de la poussière.

Fig. 87. — Armoire porte-tableaux.

Armoire (fig. 87) en chêne de 2^{m}20 de hauteur × 1^{m}44 de largeur × 0.40 de profondeur avec 4 volets, soit en total 60 tableaux, prix.......... **225 fr.** »

Chaque volet en plus... **25 fr.** »

Le système d'attaches, qui retient les tableaux sur ces volets permet de les dé-placer avec rapidité ; il est donc facile de pouvoir montrer les tableaux aux élèves, et même de les faire circuler dans la classe.

TABLEAUX MURAUX
DE
PHYSIQUE

SUIVANT LES PROGRAMMES OFFICIELS DE L'ENSEIGNEMENT PRIMAIRE
Avec 186 dessins coloriés et 14 appareils en nature

Cette collection de tableaux qui mesurent 0m80 de hauteur × 0m60 de large tient lieu de cabinet de physique; elle contient 186 dessins coloriés et 14 appareils en nature permettant de nombreuses expériences.

LA COLLECTION COMPLÈTE : **58** FRANCS

Chaque tableau se vend séparément aux prix ci-dessous

PREMIÈRE PARTIE
GÉNÉRALITÉS, PESANTEUR, HYDROSTATIQUE

1. Mouvement (trajectoire). Inertie ; **forces** (dynamomètres) ; **pesanteur** (chute des corps dans l'air et dans le vide ; verticale ; 2 appareils en nature : fil à plomb ; équerre de maçon).................... 4 »

2. Équilibre des corps. Balances ; leviers 3 50

3. Équilibre des liquides. Pression des liquides ; presse hydraulique ; vases communiquants (puits artésiens, etc.) ; principe d'Archimède ; ludion ; ménisques ; 1 appareil en nature, vases communiquants. 4 »

4. Densité des corps ; pression atmosphérique. Machine pneumatique ; siphon ; 1 appareil en nature ; siphon.............. 4 »

5. Pression atmosphérique. Baromètre, pompes, pompe à incendie ; montgolfière, ballon, parachute. 3 50

Les 5 tableaux collés sur carton avec 4 appareils en nature ...... 18 »

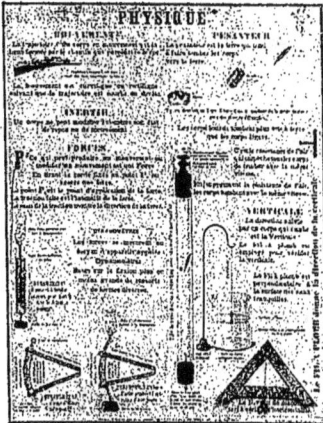

Fig. 88. — Tableau No 1.

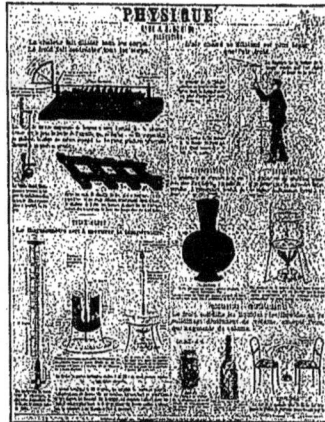

Fig. 89. — Tableau No 6.

DEUXIÈME PARTIE
CHALEUR

6. Chaleur. Dilatation : thermomètre (détermination du 0 et du 100) ; évaporation ; ébullition ; congélation ; cristallisation ; 2 appareils en nature, 1 échantillon : anneau de S'Gravesande, thermomètre, sel cristallisé.................... 4 50

7. Chaleur. Vaporisation, condensation ; alambic ; conductibilité ; toile métallique, lampe du mineur. 3 50

ll **8. Chaleur**. Pression de la vapeur, manomètre, chaudière, sifflet d'alarme, régulateur, soupape.. 3 50

9. Machines à vapeur, locomo-

tives................... 3 50
Les 4 tableaux collés sur carton avec 2 appareils et 1 échantillon en nature.................... 14 »

TROISIÈME PARTIE
ÉLECTRICITÉ

10. Électricité. Attraction et répulsion ; machine électrique ; électrophore ; foudre ; paratonnerre ; 3 appareils en nature ; bâton de verre, bâton de caoutchouc, pendule électrique............ 5 »

11. Magnétisme. Aimant naturel, aimant artificiel ; aiguille aimantée ; aimantation par influence : boussole ; compas de marine ; 3 appareils, 1 échantillon en nature ; barreau aimanté ; aimant ; boussole ; échantillon de fer aimant naturel.................... 4 75

12. Électricité produite par les pi-

les. Pile simple, piles de Volta, de Bunsen, pile au bichromate, pile Leclanché ; aimantation par les piles ; électro-aimant ; décomposition de l'eau ; galvanoplastie ; échantillon de charbon de cornue.................... 3 75

13. Téléphone ; sonnerie électrique ; lumière électrique ; télégraphe. Deux échantillons en nature : câble électrique souterrain, charbons pour lumière. 4 »
Les 4 tableaux collés sur carton avec 5 appareils et 4 échantillons en nature................. 16 »

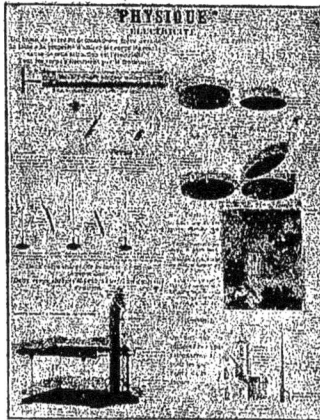

Fig. 90. — Tableau N° 10.

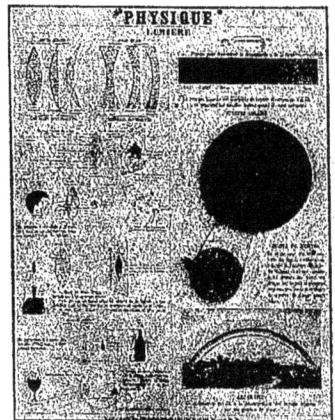

Fig. 91. — Tableau N° 16.

QUATRIÈME PARTIE
ACOUSTIQUE, OPTIQUE

14. Acoustique. Vibration, son, porte-voix ; instruments de musique ; diapason ; gamme et intervalles musicaux ; phonographe...... 3 50

15. Lumière. Transmissions ; ombre et pénombre ; réflexion ; réfraction.................... 3 50

16. Lumière. Lentilles convexes et

concaves ; théorie de la vue ; décomposition et recomposition de la lumière ; arc-en-ciel ; 2 appareils en nature : prisme pour décomposer la lumière ; disque de Newton pour la recomposition de la lumière blanche........ 6 »
Les 3 tableaux collés sur carton avec 2 appareils en nature........ 12 50

La Collection complète des 16 Tableaux de Physique avec 14 appareils en nature : **58 fr.**
Chaque tableau se vend séparément au prix ci-dessus

TABLEAUX MURAUX
DE
MÉTÉOROLOGIE

À l'usage de l'Enseignement primaire et de l'Enseignement secondaire

Suivant la circulaire ministérielle du 4 janvier 1897.

4 tableaux mesurant 0.80 de haut sur 0.60 de large
collés sur cartons

AVEC DESSINS EN COULEURS
LA COLLECTION COMPLÈTE 12 FRANCS

Chaque tableau se vend séparément 3 fr. **50**

17 (1). **Phénomènes aériens.** — Vents, intensité, direction, rose des vents, girouette, anémomètre, cyclone, trombe.

18. Phénomènes aqueux, nuages, cyrrhus, cumulus, stratus, nimbus; pluviomètre, hygromètre, neige, grêle.

19. Phénomènes électriques et lumineux, orage, aurore boréale, arc-en-ciel, halos.

20. Thermomètre (échelles comparées). Thermomètre à maxima et à minima, Baromètre enregistreur, Bulletin météorologique et signes conventionnels.

TABLEAUX D'HISTOIRE NATURELLE
Pour l'Enseignement secondaire et supérieur
ZOOLOGIE — BOTANIQUE — GÉOLOGIE

Ces tableaux sont en usage dans tous les Lycées et Collèges, Écoles normales, Écoles primaires supérieures, Cours complémentaires, etc., adoptés par le ministère de l'Instruction publique, la Ville de Paris, etc., etc.

Chaque tableau colorié mesure 1.10×0.90 sauf le n° 1, squelette humain qui est double et mesure 2.20×0.90.

La collection complète des 70 tableaux en 71 feuilles de 1.10×0.90 coloriés, collés sur toile avec bâton.............................. **400 fr.** »

Ces tableaux peuvent être montés sur rouleaux à ressort, voir cet article page 67.

La collection complète des 70 tableaux réduits de 0.28×0.18 pour les élèves, figures noires, cartonnée............................. **6 fr.** »

ZOOLOGIE

1. Squelette humain (tableau double).

2. Système digestif de l'homme. — Appareil digestif complet montrant la bouche, l'œsophage, l'estomac et les intestins.

3. Système circulatoire de l'homme. — Schéma de la circulation générale; cœur entier et coupé. Circulation du sang dans une partie du corps.

4. Système respiratoire et système nerveux de l'homme. — Montrant le larynx et les poumons; le cerveau et le cervelet vus sous trois faces différentes, et la moelle épinière.

5. Crânes de Carnivore, Rongeur, Ruminant. — Montrant la différence de la dentition.

6. Squelette de Lapin. — Montre le squelette complet d'un Rongeur.

7. Squelette de Chat. — Montre le squelette complet d'un Carnivore.

8. Squelette de Chauve-souris. — Montre le squelette complet d'un Chiroptère.

9. Squelette de Cheval. — Montre le squelette d'un solipède.

10. Estomac de Ruminant. — Représenté par un estomac de Mouton, coupé et vu extérieurement.

11. Squelette de Phoque et Dauphin. — Montre le squelette complet d'un Amphibie et d'un Cétacé.

12. Squelette de Coq. — Montre le squelette complet d'un type d'Oiseau.

13. Caractères des principaux groupes d'Oiseaux. — Représentés par des pattes et tête de Rapaces, Grimpeurs, Passereaux, Gallinacés, Echassiers, Palmipèdes, Coureurs.

---

(1) Nous suivons pour le numérotage de ces tableaux de météorologie la série des tableaux de Physique.

G

ZOOLOGIE (suite)

14. Développement du Poussin et de la Grenouille. — Phases successives de l'œuf de Poule jusqu'à l'éclosion du poussin ; métamorphose de la Grenouille depuis l'œuf, première respiration par des branchies.

18. Seiche, Colimaçon, Huitre, Corail. — Représente les principaux types de Mollusques et le principal Rayonné.

19. Anatomie de l'Abeille. — Montrant l'appareil circulatoire, respiratoire, digestif et le système nerveux.

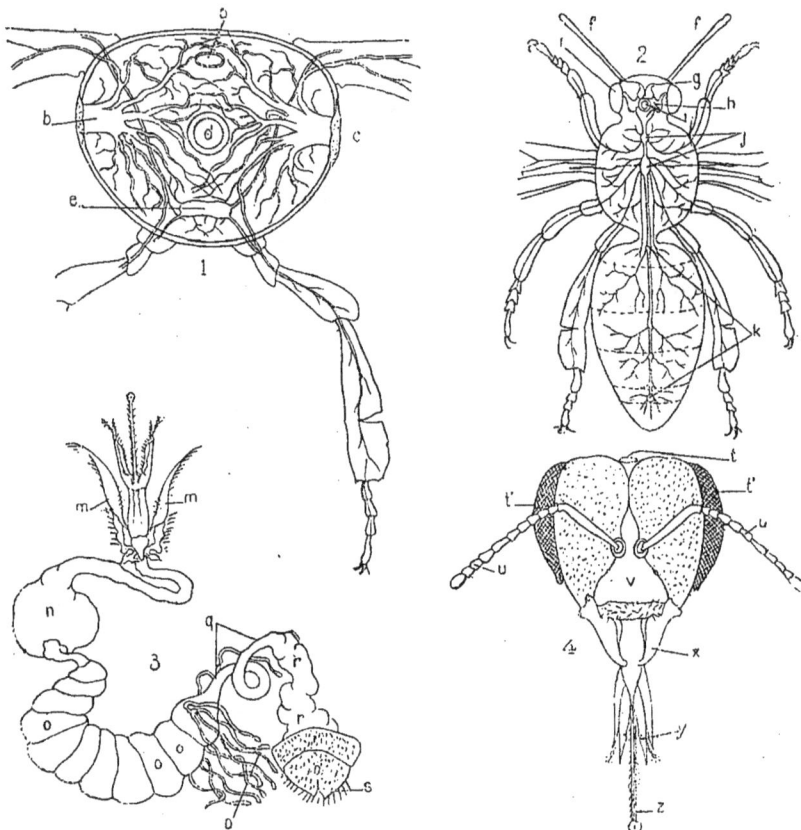

Fig. 92. — Tableau n° 19. — Anatomie de l'Abeille.

15. Squelette de Grenouille. — Squelette entier vu en dessus.

16. Caractères généraux des Poissons. — Représente un squelette de Perche, la circulation, la respiration et la digestion.

17. Ecrevisse, Araignée, Mille-pattes, Ver. — Ce tableau montre quelques types d'animaux choisis parmi les Annelés.

20. Anatomie de l'Ecrevisse. — Montrant les systèmes nerveux, respiratoire, circulatoire et digestif.

21. Anatomie du Colimaçon. — Montrant les système digestif, circulatoire et nerveux.

22. Animaux rayonnés. — Types très différents de l'embranchement des rayonnés.

23. Protozoaires. — Types d'infusoires, rhizopodes, foraminifères, etc.

Chaque tableau de 1.10 × 0.90 colorié collé sur toile avec bâtons..   **6** fr. »
Le n° 4 « Squelette humain » (tableau double 2.20 × 0.90)........   **12** fr. »
La collection des 23 tableaux de Zoologie dont un double........   **144** fr. »

TABLEAUX RÉDUITS POUR LES ÉLÈVES

Chaque tableau réduit de 0.28 × 0.18 est la reproduction exacte des tableaux de grand format, prix de la pièce en noir............   **0** fr. **10**
La collection de Zoologie des 23 tableaux réduits en noir, cartonné.   **1** fr. **75**

G

BOTANIQUE

Nos

24. Graines, Germination. — Représente un type de graine de dicotylédon et un de monocotylédon, puis la métamorphose de la graine pendant la germination.

25. Racines. — Ce tableau représente les différentes sortes de racines.

26. Tiges. — Ce tableau montre les différents types de tiges.

27. Feuilles. — Ce tableau montre le développement des feuilles par le bourgeon, puis différents types de feuilles.

28. Fleurs. — Ce tableau peut servir à montrer quelles sont les différentes dispositions des organes floraux et relations mutuelles.

Nos

32. Le Fraisier (Rosacées). — La plante entière, la tige rampante et les rejets; fleurs, fruits, etc.

33. Le Pois (Légumineuses). — Plante entière. Disposition des pétales, pistil, fruits, etc.

34. La Vigne (Ampélidées). — Plante représentant la tige, feuille, fleur, grappe, le développement de la fleur, une coupe de la graine.

35. La Carotte (Ombellifères). — Plante entière, représentant la tige fleurie, puis la fleur vue de face, fleur coupée, fruit coupé.

36. Rubiacées. — Trois genres différents de la famille des Rubiacées sont en comparaison sur ce tableau.

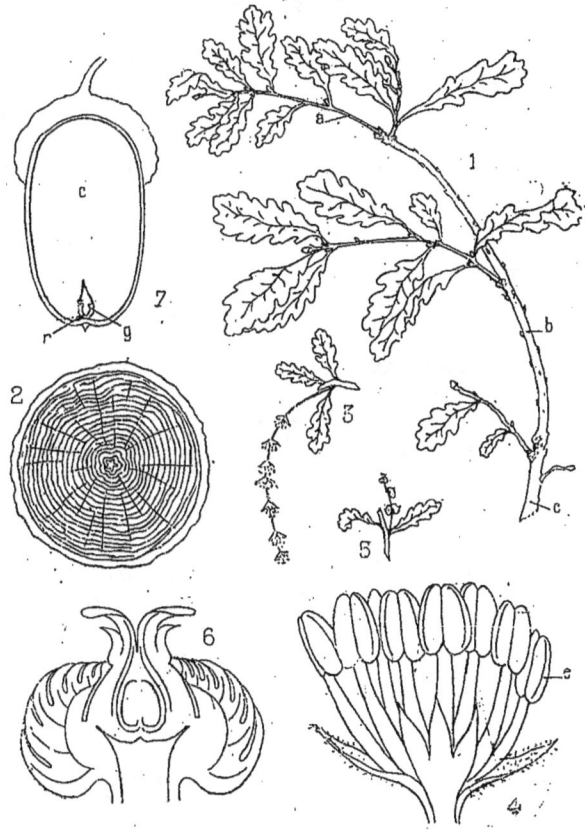

Fig. 92. — Tableau n° 45. — Le Chêne.

29. Giroflée (Crucifères). — Ce tableau représente la plante dans son ensemble : fleur, tige, feuilles et racines, puis plusieurs coupes montrant les caractères distinctifs.

30. Coquelicot (Papavéracées). — Ce tableau représente la plante, la fleur coupée, le fruit et la graine coupée.

31. Renonculacées. — On a mis en comparaison sur ce tableau trois des genres les plus différents de la famille des Renonculacées.

37. La Primevère (Primulacées). — Plante entière, fleur coupée en long, ovaire coupé en travers, fruit mûr, etc.

38. La Pomme de terre (Solanées). — Plante entière avec fleurs, tubercule germant, fleur coupée, fruit, etc.

39. Borraginées. — Type de Pulmonaire, Myosotis, Bourrache.

40. La Linaire (Personées). — Plante entière, détails de la fleur et coupe, ovaire, fruits, graine.

G

BOTANIQUE (*suite*)

41. Le Lamier blanc (Labiées). — Plante, détails et coupe de la fleur, calice, fruits.

42. La Grande Marguerite (Composées radiées). — Plante entière, fleur, coupe de la fleur, capitule, étamines en tubes.

43. Le Bluet (Composées tubuliflores). — Plante entière, fleurs tubuleuses du centre, fleurs tubuleuses stériles, fruit.

44. La Chicorée (Composées liguliflores). — Plante entière, capitule coupé en long, une des fleurs isolées avec pistil, fruit.

45. Le Chêne (Cupulifères). — Rameau, fleurs à étamines et à ovules, fruit, coupe transversale d'un tronc.

46. Le Lis (Liliacées). — Plante entière coupe de bulbe, ovaire et coupe de l'ovaire.

47. L'Iris (Iridées). — Plante entière avec tige aérienne et souterraine avec racines adventives, fleur, étamine, fruit, graine.

48. L'Orchis (Orchidées). — Plante entière avec tubercules de deux années, fleur, masses polliniques, fruit.

49. Palmiers. — Représentant le Chamœrops et le Phœnix ; plante, fleurs, fruits, graine.

50. Le Blé (Graminées). — Plante entière, épi composé fleuri, axe de l'épi, épillet en fleur, fleur, graine coupée.

51. Le Pin (Conifères). — Rameau avec fleurs à étamine et à ovules, fruit d'une année, de deux années, étamine, grain de pollen, cône, graine, etc.

52. Cryptogames (Fougère, Prêle, Mousse). — Plantes entières, sporanges, spores, etc.

53. Cryptogames (Champignons, Lichens, Algues). — Types de : Champignon de couche, morille, varech, lichen des rennes, parmélie des murailles, etc.

54. Plantes parasites. — Orobanche, plante entière, fleur coupée. Cuscute, plante, fleur coupée. Gui, plante développée sur un fragment, coupe de la branche, coupe de la fleur en long à ovules et à étamines.

55. Anatomie de la Racine. — Coupe transversale de deux racines, coupe longitudinale, poils absorbants.

56. Anatomie de la Tige. — Coupes transversales à différents âges, coupes longitudinales.

57. Anatomie de la Feuille. — Coupe du pétiole, du limbe, épiderme inférieur, supérieur, coupe d'un stomate, etc.

58. Reproduction des Cryptogames à racines. — Fougère, selaginelle.

59. Reproduction des Muscinées. — Mousses hépathiques.

60. Reproduction des Algues et des Champignons.

Chaque tableau colorié collé sur toile avec bâton.................   **6 fr.** »
La collection des 37 tableaux de Botanique.....................   **222 fr.** »

TABLEAUX RÉDUITS POUR LES ÉLÈVES

Chaque tableau réduits de 0.28 × 0.18 est la reproduction exacte des tableaux de grand format, prix la pièce fig. en noir..........   **0 fr. 10**
La collection de Botanique des 37 tableaux réduits fig. en noir, cartonnée..   **3 fr. 50**

GÉOLOGIE

61. Carrière de Calcaire et d'Argile. — Ce tableau représente en bas les ouvriers coupant l'argile, puis au-dessus les couches de calcaire ou pierre de taille.

62. Carrière de Craie. — Disposition d'une carrière de craie, son extraction, sa fabrication.

63. Glacier. — Vue générale d'un glacier avec ses moraines.

64. Rochers de Basalte. — Ce tableau représente un vallée montrant la structure des roches basaltiques.

65. Volcans éteints. — Ancien cratère comblé par sa dernière éruption.

66. Falaises — Coupe et structure des

terrains ; les parties les plus tendres s'effondrent et se désagrègent, alors que les plus dures résistent et forment des arcades et des récifs.

67. Plantes de terrains houillers. — Lépidodendron, Calamites Sigillaria.

68. Reptiles des terrains secondaires. — Ichtyosaures, Ptérodactyle.

69. Mammifères des terrains tertiaires. — Tête de Dinotherium, pied d'Hipparion, molaire d'Elephas, squelette de Palæotherium, crâne de Machœrodes.

70. Caverne à ossements fossiles. — Coupe d'une caverne, dolmen, instruments de l'homme préhistorique.

Chaque tableau colorié collé sur toile avec bâtons.............   **6 fr.** »
La collection des 10 tableaux de Géologie.....................   **60 fr.** »

TABLEAUX RÉDUITS POUR LES ÉLÈVES

Chaque tableau réduit de 0.28 × 0.18 est la reproduction exacte des tableaux de grand format ; prix la pièce fig. en noir..........   **0 fr. 10**
La collection de Géologie des 10 tableaux réduits, fig. en noir, cartonnée..-   **0 fr. 75**

TABLEAUX

POUR

L'ENSEIGNEMENT AGRICOLE

DANS LES ÉCOLES PRIMAIRES

Chaque tableau en couleurs collé sur carton avec anneau pour le suspendre mesure 0.80×0.61.

Ces tableaux muraux ont été divisés en trois années ; la première année est entièrement parue ; nous n'indiquons pour les deux autres années que les tableaux parus.

Chaque tableau collé sur carton se vend séparément au prix de 2 fr. 75.

H   **PREMIÈRE ANNÉE**

Les animaux de la ferme

No 1. **Cheval**. — Cheval écorché montrant les muscles. — Squelette de cheval. — Les différents âges du cheval d'après les dents.................... 2 fr. 75
No 2. **Cheval**. — Circulation du sang. — Système nerveux. — Pied cheval coupé en long. — Squelette du pied de cheval, comparé à ceux du pied de porc et du pied de bœuf. 2 fr. 75
No 3. **Cheval**.—Digestion,— Respiration ; — Aplombs du cheval,—Proportions du cheval. — Comparaison des crânes de mouton, de chien, de lapin. —Estomac de ruminant. 2 fr. 75
No 4. **Vaches**. — 15 différentes races.................... 2 fr. 75
No 5. **Taureaux**. — 15 différentes races.................... 2 fr. 75
No 6. **Cheval**. — 15 différentes races.................... 2 fr. 75
No 7. **Moutons**. — **Chèvres**. — **Porcs**. — 16 différences races............ 2 fr. 75
No 8. **Coqs**. — **Poules**. — **Pintades**. — **Pigeons**. — **Canards**. — 21 différentes races.
2 fr. 75
H Chaque tableau collé sur carton se vend séparément au prix de 2 fr. 75.
H La collection des 8 tableaux avec le manuel explicatif du maître............. 19 fr. 50
J Manuel du maître avec un questionnaire,vol.in-12 cartonné avec 211 figures, dont 57 en couleurs.................... 1 fr. 50
J Manuel de l'élève, vol. in-12 cartonné avec 211 figures dont 57 en couleurs..... 1 fr. 50

H   **DEUXIÈME ANNÉE**

Les instruments agricoles

No 9. **Charrues** ordinaire, brabant, bisoc, **Bineuse, Houes, Herses**......... 2 fr. 75
No 10. **Arracheuses** de pommes de terre, de betteraves, **Rouleaux** uni, Croskill, **Semoir de graines, Distributeur d'engrais, Faucheuse, Rateau à cheval**. 2 fr. 75
No 11. **Faucheuses, Moissonneuses, Manèges** à cheval à plan incliné, **Locomobile, Brouette à fourrage**.................... 2 fr. 75
No 12. **Batteuse à grand travail, Batteuse avec moteur à pétrole, Charrette fourragère**.................... 2 fr. 75
No 13. **Tarare, Hache-paille, Fouloir-égrugeoir, Broyeur, Coupe-racine, Trieur pour grains, Pressoir, Bascules**.................... 2 fr. 75

H   **TROISIÈME ANNÉE**

Plantes fourragères

No 23. **Prairies naturelles**, 24 espèces des plantes les plus courantes........ 2 fr. 75

PIÈCES ANATOMIQUES

(Le Catalogue illustré spécial sera envoyé franco sur demande)

D ## ANATOMIE HUMAINE

Homme écorché entier, n° 1, montrant d'un côté la couche superficielle des muscles, de l'autre les couches secondaires et profondes; tête coupée, montrant le cerveau et l'intérieur du crâne, hémisphère cérébral mobile; viscères démontables. Hauteur : 1 m. 40, prix avec socle en chêne à roulettes.. 450 »

Homme écorché entier, n° 2, semblable au précédent, mais avec les viscères fixes, la poitrine et le dos se démontent pour montrer la position relative de chaque organe. Hauteur 1 m. 40, avec socle à roulettes. 350 »

Cœur en quatre pièces mobiles sur tige, montrant les cloisons séparant les oreillettes et les ventricules, l'insertion de toutes les veines et artères, les valvules et leur rôle, etc., grand modèle......................... 120 »

Cœur en trois pièces mobiles sur tige, modèle plus petit et moins complet que le précédent.. 70 »

Poumons et Cœur entiers, pouvant être vus des deux côtés, avec section dans les deux poumons montrant les bronches, les artères et les veines, ainsi que leurs premières ramifications, grand modèle......... 70 »

Poumons et Cœur fixés sur plateau visible d'un seul côté, coupe des poumons et du cœur; petit modèle avec légende...................... 45 »

Schéma de circulation chez les mammifères, montrant les éléments anatomiques des principaux organes................................... 150 »

Larynx, trois pièces mobiles sur tige, montrant en une coupe longitudinale, le fonctionnement des cordes vocales, les vaisseaux, les nerfs,etc. 40 »

Oreille mobile sur tige et plateau, démontable en 4 pièces, montrant l'oreille externe avec le pavillon et le conduit auditif, l'oreille moyenne avec les osselets de l'ouïe et la trompe d'Eustache, l'oreille interne montrant l'intérieur du vestibule, des canaux semi-circulaires, du limaçon, du labyrinthe membraneux, grand modèle............................. 120 »

Oreille petit modèle, fixée sur plateau, avec légende................... 40 »

Œil démontable montrant : intérieur du globe de l'œil, cornée transparente, cristalline, sclérotique, choroïde, etc., puis les muscles, paupières sourcils, appareil lacrymal, etc.. 200 »

Œil petit modèle, fixé sur plateau non démontable, avec légende....... 40 »

Œil théorique pour faire comprendre l'action physique produite sur cet organe... 35 »

Coupe médiane de la tête montrant l'odorat, le goût, la voix, le cerveau, fixée sur plateau, avec légende................................... 30 »

Main grossie montrant le système nerveux, circulatoire, avec les muscles. 40 »

Coupe d'une portion de la peau très grossie........................ 45 »

Langue mobile sur tige et plateau, vue d'un côté extérieurement, de l'autre coupée au milieu, montrant les fibres musculaires, la membrane muqueuse, papilles filiformes, fongiformes, lenticulaires, etc.; puis les vaisseaux sanguins, les faisceaux nerveux, etc............................ 50 »

Nez. Coupe montrant d'un côté les cartilages de la cloison médiane, de l'autre les cornets, les nerfs olfactifs avec la membrane pituitaire, etc., fixé sur plateau.. 40 »

Doigt. Coupe de l'extrémité d'un doigt montrant les couches de la peau, les vaisseaux capillaires, les nerfs des corpuscules du tact, etc., fixé sur plateau.. 30 »

Cerveau. Montrant la face latérale extérieure, la coupe antéro-postérieure, deux coupes horizontales à deux profondeurs différentes, coupe transversale, les 5 pièces fixées chacune sur un plateau.............. 200 »

Chaque pièce se vend séparément............................... 50 »

Moelle épinière. Montrant le cervelet, le bulbe rachidien et la moelle épinière jusqu'au sacrum, avec tous les faisceaux nerveux qui y prennent naissance .... 150 »

D **Coupe de moelle épinière** très grossie...................... 35 »
Système digestif, montrant la marche des aliments depuis l'œsophage jusqu'à l'anus .... 60 »
Villosités intestinales, très grossies, montrant les veines, les artères
et les vaisseaux lymphatiques aboutissant à la périphérie des villosités. 30 »

D # OSTÉOLOGIE HUMAINE

Squelette monté articulé............:.............. 150 à 200 fr.
Potence démontable en chêne pour suspendre le squelette........ 25 »
Crâne entier sans support, mâchoire articulée.................. 25 »
Crâne avec une ou plusieurs coupes.......................... 30 à 60 »
Crâne monté à la Beauchêne................................. 120 à 150 »

D # ANATOMIE COMPARÉE

Estomac de ruminant, grandeur naturelle .... 60 fr.
Tête de vipère. Modèle démontable sur tige et plateau, avec l'appareil
schématique montrant le fonctionnement des crochets et des dents..... 65 »
Batracien. Anatomie générale de la grenouille .... 55 »
Poisson. Anatomie générale de la perche...................... 45 »
Amphioxus. Anatomie générale de l'amphioxus, fixé sur plateau....... 40 »
Ver à soie. Grand modèle mobile et démontable, sur support et pla-
teau, montrant le ver à soie entier, les viscères, les glandes séricifères,
le système nerveux, les muscles, le système trachéen, etc......... 150 »
Ver à soie. Petit modèle montrant, en deux pièces non démontables,
l'anatomie générale du ver à soie, fixé sur un plateau.............. 45 »
Hanneton. Coupe transversale montrant l'anatomie des coléoptères, avec
plusieurs parties démontables.............................. 175 »
Abeille ouvrière, très grossie, démontable, montrant l'anatomie générale
d'une abeille ouvrière..................................... 450 »
Abeille. Petit modèle, coupe transversale de l'abeille, avec quelques parties seulement démontables................................ 150 »
Crustacé. Anatomie générale de l'écrevisse, fixée sur plateau.......... 45 »
Mollusque céphalopode, grossi, montrant l'anatomie générale d'une
seiche, deux pièces fixées sur plateau .... 70 »
Mollusque gastéropode, très grossi, démontable, montrant l'anatomie
générale d'un escargot.................................... 250 »
Mollusque lamellibranche, grossi, montrant l'anatomie générale de
l'anodonte, deux pièces coupe longitudinale, coupe transversale, fixé sur
un plateau... 45 »
Cœlentéré. Méduse grossie, montrant l'anatomie générale d'une
méduse... 60 »
Corail, grossi, montrant l'anatomie générale du corail avec différentes
sections, fixé sur plateau................................. 55 »
Echinoderme. Etoile de mer grossie, montrant l'anatomie générale
d'une étoile de mer avec différentes sections, fixée sur plateau........ 45 »
Tunicier. Ascidie grossie, montrant en deux pièces l'anatomie géné-
rale d'une ascidie....................................... 60 »
Trématode. Distome grossi, montrant en deux pièces l'anatomie de la
face dorsale et celle de la face ventrale d'un distome............... 40 »
Tœnia, grossi, donnant sur deux pièces un anneau isolé et le scolex... 50 »
Ver. Sangsue, montrant en trois pièces l'anatomie générale de la
sangsue, avec les détails d'une ventouse vue par sa face inférieure..... 50 »
Annélide. Arénicole, grossi, montrant l'anatomie entière, vue à plu-
sieurs couches différentes de cet annélide..................... 50 »
Bryozoaire. Plumatelle, grossi, montrant l'anatomie générale d'un
bryozoaire... 50 »

D   **Systèmes nerveux typiques :**

Vertébré (Grenouille)	25 »	Crustacé (Maïa)	18 »
Insecte (Chenille)	15 »	Annélide (Sangsue)	18 »
— (Chrysalide)	18 »	— (Serpule)	18 »
— (Papillon)	18 »	Ver (Trématode)	12 »
Mollusque (Cyclostome)	25 »	Echinoderme (Étoile de mer)	10 »
— (Anodonte)	20 »	Tunicier (Ascidie)	10 »
Arachnide (Araignée)	18 »		

D   **Systèmes circulatoires typiques :**

Vertébré (Embryon)	40 »	Mollusque (Seiche)	45 »
Mammifère (Singe)	50 »	— (Escargot)	50 »
Poisson (Carpe)	45 »	— (Anodonte)	50 »
Batracien (Grenouille)	50 »	Annélide (Arénicole)	55 »
Crustacé (Écrevisse)	50 »	Cœlentéré (Méduse)	30 »
— (Limule)	50 »	Echinoderme (Oursin)	45 »
Arachnide (Épéire)	50 »	— (Étoile de mer)	40 »
Hyménoptère (Abeille)	55 »	Tunicier (Ascidie)	40 »

D ANATOMIE BOTANIQUE

Bouton d'or (Renonculacées). Ranunculus acris	60	»
Coquelicot (Papavéracées). Papaver rhœas	60	»
Bouton de coquelicot —	35	»
Giroflée (Crucifères). Cheirantus Cheiri	50	»
Mauve (Malvacées). Malva sylvestris	50	»
Vigne (Ampélidées). Vitis vinifera	50	»
Pois de senteur (Papilionacées). Lathyrus odorata	55	»
Gousse de pois —	45	»
Poirier (Rosacées). Pyrus communis	55	»
Fuchsia (Onagrariées). Fuchsia coccinea	50	»
Marguerite (Composées). Leucanthemum vulgare	50	»
Fleuron de Marguerite — —	40	»
Campanule (Campanulacées). Campanula rapunculus	50	»
Bourrache (Borraginées). Borrago officinalis	55	»
Pomme de terre (Solanées). Solanum tuberosum	55	»
Linaire (Scrofulariées). Linaria vulgaris	50	»
Lamier (Labiées). Lamium purpureum	50	»
Primevère (Primulacées). Primula veris	50	»
Pin sylvestre (Conifères). Pinus sylvestris ♂♀	30	»
Lis (Liliacées). Lilium candidum	50	»
Iris (Iridées). Iris germanica	60	»
Orchis (Orchidées). Ophris apifera	50	»
Arum (Aroïdées). Arum maculatum	50	»
Epillet du blé (Graminées). Triticum sativum	50	»
Grain de blé — —	50	»
Germination du blé en 5 pièces —	45	»
Germination du haricot en 5 pièces (phaseolus vulgaris)	100	»
Mousse (Mousses). Polytrichum commune	45	»

Toutes les pièces ci-dessus se démontent pour montrer l'organisation extérieure.

Organisation de la tige. Coupe transversale et verticale d'une tige ligneuse de trois ans	75	»
Organisation de la racine. Coupe transversale d'une portion de Sinapis nigra	75	»
Organisation de la feuille. Coupe transversale et verticale d'une feuille	75	»

CABINETS D'ANATOMIE

D

CABINET

D'ANATOMIE HUMAINE
D'ANATOMIE COMPARÉE
D'ANATOMIE BOTANIQUE

COMPRENANT 57 MODÈLES

Prix : 2,700 francs.

ANATOMIE HUMAINE

Homme écorché.
Cœur (modèle réduit).
Villosités intestinales.
Poumons (grandeur naturelle).
Larynx grossi.
Oreille (gr. mod.).
Œil —
Langue grossie.
Nez —
Main —
Coupe de la peau.

ANATOMIE COMPARÉE

Poissons (Perche).
— (Amphioxus).
Batracien (Grenouille).
Insectes (Ver à soie, pet. mod.).
— (Abeille) —
Crustacé (Écrevisse).
Mollusque (Anodonte).
Cœlentéré (Méduse).
Bryozoaire (Plumatelle).
Ascidie.
Trématode (Distome).
Annélide (Arénicole).
Collection de 13 systèmes nerveux typiques.
Collection de 8 systèmes circulatoires typiques.

ANATOMIE BOTANIQUE

Crucifères (Giroflée).
Primulacées (Primevère).
Composées (Marguerite).
Scrofulariées (Linaire).
Solanées (Pomme de terre).
Iridées (Iris).
Aroïdées (Arum).
Graminées (Grain de blé).
Muscinées (Polytric).
Conifères (Pin ♂♀).
Anatomie de la racine.
— de la tige.
— de la feuille.

CABINET

D'ANATOMIE HUMAINE
COMPRENANT 24 MODÈLES
Prix : 2.000 francs.

Homme écorché.
Cœur (gr. mod.).
Villosités intestinales grossies
Bras (gr. mod.).
Jambe —
Tête écorchée (gr. nat.).
Poumons (gr. nat.).
Larynx grossi.
Oreille (gr. mod.).
Œil —
Langue grossie.
Dent —
Nez —
Main —
Coupe de la peau.
5 modèles du cerveau grossis.
Moelle épinière (gr. nat.).
Coupe de la moelle épinière grossie.
Squelette humain sur potence.
Crâne humain désarticulé et monté à la Beauchène.

CABINET

D'ANATOMIE COMPARÉE
COMPRENANT 72 MODÈLES
Prix : 3,500 francs.

Poissons (Perche).
— (Amphioxus).
Batraciens (Grenouille).
Reptiles (tête de vipère).
Insectes (Ver à soie, gr. mod.).
— (Abeille) —
Crustacé (Écrevisse).
Mollusques (Escargot).
— (Anodonte).
Bryozoaire (Plumatelle).
Cœlentérés (Méduse).
— (Corail).
Échinoderme (Étoile de mer).
Ascidie.
Trématode (Distome).
Helminthe (Tænia).
Ver (Sangsue).
Annélide (Arénicole).
13 Systèmes nerveux typiques.
16 — circulatoires typiques.
Développement des oiseaux (gr. mod.).
— des batraciens —
— des poissons —
— des échinodermes (gr. mod.).
3 Squelettes de mammifères.
6 — d'oiseaux.
4 — de reptiles.
2 — de batraciens.
6 — de poissons.

c COLLECTIONS DE SQUELETTES MONTÉS

(Le catalogue spécial d'anatomie comparée sera envoyé franco sur demande)

MAMMIFÈRES

Collection de 5 squelettes (1 singe, 1 chiroptère, 1 rongeur, 1 carnassier, 1 insectivore).   100
Collection de 10 squelettes (1 singe, 1 lémurien, 1 chiroptère, 1 insectivore, 2 carnassiers, 2 rongeurs, 1 édenté, 1 crâne ruminant)...........................   300
Collection de 25 squelettes (2 singes, 1 lémurien, 1 chiroptère, 3 insectivores, 5 carnassiers, 4 rongeurs, 1 édenté, 1 crâne et 1 pied pachyderme, 1 crâne et 1 pied ruminant, 1 cétacé, 1 pinnipède, 1 marsupial, 1 monotrème).....................   1200
Collection de 50 squelettes suivant la taille ou la rareté .... 3000 à   4000
Collection de 100 squelettes..   12000

OISEAUX

Collection de 6 squelettes (1 rapace, 1 passereau, 1 grimpeur, 1 gallinacé, 1 échassier 1 palmipède)...   100
Collection de 10 squelettes (1 rapace diurne, 1 rapace nocturne, 2 passereaux, 2 grimpeurs, 2 gallinacés, 1 échassier, 1 palmipède)....................   180
Collection de 25 squelettes (3 rapaces diurnes, 2 rapaces nocturnes, 6 passereaux, 4 grimpeurs, 4 gallinacés, 3 échassiers, 3 palmipèdes)..................   450
Collection de 50 squelettes (5 rapaces diurnes, 4 rapaces nocturnes, 15 passereaux, 6 grimpeurs, 8 gallinacés, 1 coureur, 6 échassiers, 5 palmipèdes).............   1200
Collection de 100 squelettes, suivant la taille ou la rareté............... 2000 à   3000

REPTILES ET POISSONS

Collection de   6 squelettes (2 reptiles, 4 poissons)......................   150
Collection de 10   —   (4 reptiles, 6 poissons)   260
Collection de 25   —   (10 reptiles, 15 poissons)..................   800
Collection de 50   —   (20 reptiles, 30 poissons)..................   2000
Collection de 100   —   (30 reptiles, 70 poissons) suivant la taille ou la rareté .... 6000 à   8000

c COLLECTIONS D'ANIMAUX MONTÉS

(Le catalogue spécial sera envoyé franco sur demande)

MAMMIFÈRES MONTÉS

Collection de 5 mammifères (1 singe, 1 chiroptère, 1 carnassier, 1 rongeur, 1 insectivore)...   70
Même collection représentée par de plus grands exemplaires..............   120
Collection de 10 mammifères (1 singe, 1 lémurien, 1 chiroptère, 1 insectivore, 1 carnassier, 1 rongeur, 1 édenté, 1 ruminant, 1 marsupial, 1 cétacé................   450
Même collection représentée par de plus grands exemplaires..............   600
Collection de 25 mammifères (3 singes, 2 lémuriens, 2 chiroptères, 2 insectivores, 3 carnassiers, 4 rongeurs, 2 édentés, 2 ruminants, 1 pinnipède, 1 cétacé, 2 marsupiaux, 1 monotrème).....................................   1200
Collection de 50 mammifères (5 singes, 3 lémuriens, 3 chiroptères, 4 insectivores, 8 carnassiers, 1 pinnipède, 16 rongeurs, 2 édentés, 1 pachyderme, 2 ruminants, 1 cétacé, 3 marsupiaux, 1 monotrème)........................   2300

OISEAUX MONTÉS

Collection de 6 oiseaux (1 rapace, 1 grimpeur, 1 passereau, 1 gallinacé, 1 échassier, 1 palmipède)..   65
Même collection représentée par de plus grands exemplaires...............   80
Collection de 15 oiseaux (2 rapaces, 2 grimpeurs, 5 passereaux, 2 gallinacés, 2 échassiers, 2 palmipèdes)......................................   150
Même collection représentée par de plus grands exemplaires..............   200
Collection de 50 oiseaux (6 rapaces, 7 grimpeurs, 16 passereaux, 6 gallinacés, 10 échassiers, 5 palmipèdes)......................................   750
Collection de 100 oiseaux..   1800
Collection de 1000 oiseaux..   20000

REPTILES MONTÉS

Collection de 5 reptiles..   80
Collection de 10 reptiles...   200
Collection de 25 reptiles..   500

C

POISSONS MONTÉS

Collection de	5 poissons	....	75 »
—	15 —	....	200 »
—	30 —	....	500 »
—	50 —	....	900 »
—	100 —	....	2500 »

C

COLLECTIONS D'INSECTES

Chaque collection est accompagnée d'un catalogue numéroté indiquant la famille, le genre, le nom spécifique, etc.; chaque numéro correspond à celui placé à l'épingle de chaque insecte.

COLLECTIONS GÉNÉRALES COMPRENANT TOUS LES ORDRES

100 espèces dans 1 carton	....	39 »		500 espèces dans 8 cartons	....	207 »
200 —	— 3 —	....	82 »		700 —	— 12 —	....	293 »
300 —	— 4 —	....	121 »		800 —	— 14 —	....	336 »
400 —	— 6 —	....	164 »		1000 —	— 16 —	....	414 »

COLLECTIONS DE COLÉOPTÈRES EUROPÉENS

100 espèces dans 1 carton	....	12 50		300 espèces dans 2 cartons	....	48 »
200 —	— 2 —	....	25 »		500 —	— 3 —	....	112 »

COLLECTIONS DE LÉPIDOPTÈRES DE FRANCE ET D'EUROPE

50 espèces dans 1 carton	....	16 »		300 espèces dans 6 cartons	....	144 »
100 —	— 2 —	....	33 »		500 —	— 10 —	....	340 »
200 —	— 4 —	....	76 »				

COLLECTIONS DE CRUSTACÉS

5 crustacés dans 1 carton	....	12 »		30 crustacés dans 3 cartons	....	80 »
10 —	— 1 —	....	20 »		50 —	— 4 —	....	160 »
20 —	— 2 —	....	55 »				

COLLECTIONS D'ARACHNIDES ET MYRIAPODES

25 espèces dans 1 carton	....	19 »		75 espèces dans 3 cartons	....	92 »
50 —	— 2 —	....	48 »			

COLLECTIONS DE VERS

20 espèces dans 2 cartons	....	53 »		30 espèces dans 3 cartons	....	82 »

C

MOLLUSQUES

COLLECTIONS GÉNÉRALES DE COQUILLES TERRESTRES, FLUVIATILES ET MARINES

100 espèces, avec cuvettes et étiq..	38 »		500 espèces, avec cuvettes et étiq.	295 »
200 — — — ..	70 »		1000 — — — ..	790 »
300 — — — ..	130 »		2000 — — — ..	2380 »

Ces étiquettes sont écrites en ronde sur étiquettes en bristol, avec talon pour fixer dans les cuvettes.

ZOOPHYTES, ÉCHINODERMES, CORALLIAIRES
SPONGIAIRES

10 espèces, avec cuvettes et étiq....	28 »		50 espèces, avec cuvettes et étiq....	263 »
20 — — — ..	84 »			

c

COLLECTIONS AGRICOLES

INSECTES

INSECTES UTILES & NUISIBLES

Ces collections sont classées méthodiquement et représentent les principaux insectes utiles, auxiliaires ou nuisibles ; elles peuvent être étiquetées à l'aide de grandes étiquettes explicatives, mentionnant les dégâts que les insectes causent ou les services qu'ils rendent. Le prix de cet étiquetage spécial est de 15 francs le cent.

Collection de	50 espèces...	15 fr.
—	100 — ...	35 —
—	200 — ...	80 —
—	500 — ...	180 —
—	1000 — ...	400 —
—	1500 — ...	750 —

INSECTES NUISIBLES
AVEC DES EXEMPLES DE LEURS DÉGATS

25 espèces et échantillons...			50 fr.
50	—	— ...	100 —
75	—	— ...	160 —
100	—	— ...	225 —

INSECTES NUISIBLES A L'AGRICULTURE

50 espèces...............		18 fr.
100	—	40 —
200	—	90 —
300	—	150 —
500	—	300 —

INSECTES NUISIBLES A L'ARBORICULTURE

50 espèces...............		20 fr.
100	—	50 —
200	—	110 —
400	—	260 —

INSECTES NUISIBLES A LA SYLVICULTURE

50 espèces...............		25 fr.
100	—	60 —
200	—	150 —

INSECTES NUISIBLES
AUX PLANTES D'ORNEMENT

50 espèces...............		30 fr.
100	—	75 —
200	—	200 —

INSECTES NUISIBLES
AUX PLANTES MÉDICINALES

25 espèces...............		20 fr.
50	—	50 —
100	—	150 —

COLLECTIONS APICOLES

Comprenant des types d'Abeilles femelle ou reine, mâle ou faux-bourdon, et neutre ou ouvrière, des échantillons de cellules ; les principaux ennemis des Abeilles, avec des exemples de leurs dégâts.

Le tout contenu dans un cadre vitré, grand modèle......... 30 fr.
Collection plus complète renfermant, outre les types signalés dans la collection ci-dessus, miel et cire de provenances diverses, objets fabriqués, etc. 3 cartons................... 100 —

COLLECTIONS SÉRICICOLES

Comprenant plusieurs espèces de Bombycides produisant de la soie, avec le type du Papillon, les cocons, des échantillons de soies grèges ou filées et d'étoffes, etc.

Bombyx du mûrier, cocons de diverses races, Chrysalide, Papillons ♂ et ♀, œufs, soie grège, bourre, étoffe de soie écrue, feuilles de mûrier, dans un carton...... 15 fr.
Collection plus complète, renfermée dans trois cartons. 45 fr.

Bombyx de l'ailante (Cynthia), Papillons ♂ et ♀ Chrysalide, cocon, œufs, feuilles d'ailante, soie grège, bourre, étoffe écrue et teinte...... 15 —

Bombyx du chêne (Pernyi), Papillons ♂ et ♀ Chrysalide, cocon, œufs, feuilles de chêne, soie grège, étoffe écrue.................... 20 —

Bombyx du chêne (Yama-Maï), Papillons ♂ et ♀ Chrysalide, cocon, œufs, feuilles de chêne, soie grège, étoffe écrue, etc............... 25 —

Bombyx du chêne (Mylitta), Papillons, Chrysalide, etc. 35 —

HISTOIRE DU CRIQUET PÈLERIN

Acrinium peregrinum
Depuis l'œuf jusqu'à l'âge adulte. 20 âges.................... 25 fr.

C
MINÉRALOGIE & GÉOLOGIE
COLLECTION ÉLÉMENTAIRE DE MINÉRAUX
Collection de 100 échantillons minéralogiques, avec cuvettes, contenus dans une boîte mesurant 0m,45 × 0m,32 × 0m,25, à compartiments............. **25 »**

COLLECTION ÉLÉMENTAIRE DE GÉOLOGIE
Collection élémentaire de 100 échantillons, roches et fossiles des terrains les plus caractéristiques avec cuvettes, contenus dans une boîte à compartiments mesurant 0m,45 × 0m,32 × 0m,25.............................. **25 »**

COLLECTIONS DE MINÉRAUX
Echantillons de 4 × 5 centimètres.

Prix sans cuvettes ni étiquettes	Prix avec cuvettes et étiquettes	Prix sans cuvettes ni étiquettes	Prix avec cuvettes et étiquettes
100 échantil. 30 »	45 »	400 échantil. 220 »	285 »
200 — 75 »	105 »	500 — 300 »	380 »
300 — 140 »	190 »	1000 — 800 »	975 »

COLLECTIONS DE MINÉRAUX
Echantillons de 6 à 7 centimètres.

Prix sans cuvettes ni étiquettes	Prix avec cuvettes et étiquettes	Prix sans cuvettes ni étiquettes	Prix avec cuvettes et étiquettes
100 échantil. 50 »	65 »	500 échantil. 500 »	580 »
200 — 110 »	145 »	1000 — 1500 »	1675 »
300 — 180 »	230 »	2000 — 4000 »	4300 »
400 — 300 »	370 »	3000 — 6000 »	6500 »

COLLECTIONS DE ROCHES
Format 4 à 6 centimètres   *Format 6 à 8 centimètres*

Prix sans cuvettes ni étiquettes	Prix avec cuvettes et étiquettes	Prix sans cuvettes ni étiquettes	Prix avec cuvettes et étiquettes
100 échantil. 30 »	45 »	100 échantil. 40 »	55 »
200 — 70 »	100 »	200 — 90 »	125 »
300 — 110 »	155 »	300 — 145 »	215 »

COLLECTIONS DE FOSSILES

Prix sans cuvettes ni étiquettes	Prix avec cuvettes et étiquettes	Prix sans cuvettes ni étiquettes	Prix avec cuvettes et étiquettes
100 espèces 30 »	45 »	500 espèces 400 »	485 »
200 — 80 »	115 »	1000 — 1000 »	1175 »
300 — 150 »	200 »	2000 — 2000 »	2350 »
400 — 220 »	290 »		

C
BOTANIQUE
HERBIERS GÉNÉRAUX
Herbier composé de 25 espèces françaises dans un carton..................					5 »
— — 50 — — —					10 »
— — 100 — — —					18 »
— — 200 — — —					35 »
— — 300 — — deux					60 »
— — 500 — — —					100 »
— — 1000 — — quatre					250 »

ALBUM DE PLANTES, 1re PARTIE
Récolte des plantes, leur préparation, les instruments à employer, nombreuses planches représentant les espèces les plus communes; ces albums contiennent en outre : papier gris, papier bulle, étiquettes et bandes gommées, prix..... **5 »**
ALBUM DE PLANTES, 2e PARTIE
COMPRENANT ENVIRON 200 ESPÈCES DE PLANTES
C'est un herbier représentant les espèces de plantes les plus communes, choisies parmi les Phanérogames, Cryptogames, etc., prix.................... **12 »**

C CABINETS D'HISTOIRE NATURELLE

PETIT CABINET D'HISTOIRE NATURELLE
Comprenant 102 types caractéristiques.
Prix : 50 francs.

ZOOLOGIE

Mammifères. Chiroptère.
Oiseaux. Passereau.
Reptiles. Ophidien.
Poissons. Osseux.
— Lophobranche.
Articulés. 2 Crustacés.
— 9 Insectes.
— 1 Arachnide.
Annélide. 1 Ver.

Myriapode. 1 type.
Mollusques. 10 types.
Rayonnés. 2 types.

BOTANIQUE

Herbier de 25 plantes.

GÉOLOGIE

14 roches.
15 fossiles.
20 minéraux.

Meuble en bois noirci, à portes vitrées, avec tablettes, etc., pouvant contenir les spécimens du petit cabinet de 102 types. Prix............ 42 »

C. PETIT CABINET D'HISTOIRE NATURELLE
Comprenant 177 types caractéristiques.
Prix : 100 francs.

ZOOLOGIE

Mammifères (2 types).

Chiroptère monté.
Rongeur monté.

Oiseaux (3 types).

Rapace monté.
Passereau monté.
Palmipède monté.

Reptiles (3 types).

Chélonien monté ou dans l'alcool.
Ophidien monté ou dans l'alcool.

Batraciens,

Anoure monté ou dans l'alcool.

Poissons.

(2 types montés).

Insectes.

Collection de 63 espèces choisies parmi les plus remarquables et parmi celles qui sont utiles ou nuisibles et comprenant :
20 types de l'ordre des Coléoptères.
2 — — Orthoptères.
7 — — Hémiptères.
4 — — Névroptères.
8 — — Hyménoptères.
15 — — Lépidoptères.
6 — — Diptères, Aptères, etc.
Tous soigneusement préparés et rangés dans un cadre vitré.

1 Myriapode
2 Arachnides
2 Crustacés.
1 Annélide

{ desséchés ou conservés dans l'alcool.

Renfermés dans un cadre vitré.

Mollusques.

Collection de 15 espèces représentant les principaux groupes.

Rayonnés (3 types).

Coralliaire, Stelléride, Echinoderme.

BOTANIQUE

HERBIER de 25 échantillons, bandelettés sur papier bulle et renfermés dans un carton, comprenant les types principaux des plantes Dicotylédones, Monocotylédones et Acotyédones.

MINÉRALOGIE

Collection de 20 échantillons des minéraux les plus importants.

GÉOLOGIE

Collection de 15 roches des principaux étages géologiques
Collection de 20 fossiles caractéristiques des principaux terrains.

Meuble en chêne ciré, à portes vitrées, avec tablettes, etc., pouvant contenir les spécimens du petit cabinet de 177 types. Prix............ 90 »

CABINET D'HISTOIRE NATURELLE

C   Comprenant 238 échantillons caractéristiques.

Prix : 150 francs.

ZOOLOGIE

VERTÉBRÉS

Mammifères (3 types).

Chiroptère ⎫
Carnassier ⎬ montés.
Rongeur ⎭

Oiseaux (5 types).

Rapace ⎫
Grimpeur ⎪
Passereau ⎬ montés.
Gallinacé ⎪
Palmipède ⎭

Reptiles (3 types).

Chélonien ⎫
Ophidien ⎬ montés ou dans l'alcool.
Saurien ⎭

Batracien (1 type).

Anoure dans l'alcool.

Poissons.

2 types montés.

ARTICULÉS

Insectes.

Collection de 100 espèces choisies parmi les

plus remarquables et parmi celles qui sont utiles ou nuisibles, comprenant :

40 types dans l'ordre des Coléoptères ;
4 — — Orthoptères ;
10 — — Hémiptères ;
6 — — Névroptères ;
10 — — Hyménoptères ;
20 — — Lépidoptères ;
10 — — Diptères ;

et de ceux compris autrefois dans la division des Aptères.
Tous soigneusement préparés et rangés dans deux cadres vitrés.

Myriapode........ 1 type ⎫ desséchés
Arachnides...... 2 — ⎬ ou conservés
Crustacés........ 2 — ⎪ dans
Annélide........ 1 — ⎭ l'alcool.
Renfermés dans un cadre vitré.

MOLLUSQUES

Collection de 25 espèces représentant les principaux groupes

RAYONNÉS (3 types).

Coralliaire, Stelléride, Échinoderme.

BOTANIQUE

HERBIER de 35 échantillons, bandelettés sur papier bulle et renfermés dans un carton, comprenant les types principaux des plantes Dicotylédones, Monocotylédones et Acotylédones.

GÉOLOGIE

Collection de 20 échantillons des **Minéraux** les plus importants. | Collection de 15 **Roches** des principaux étages géologiques.

Collection de 20 **Fossiles** caractéristiques des principaux terrains.

Meuble en chêne ciré, à portes vitrées, avec tablettes, etc., pouvant contenir les spécimens du cabinet de 238 types. Prix................ 115 »

Cabinet d'Histoire naturelle, comprenant 319 échantillons (4 Mammifères, 7 Oiseaux, 3 Reptiles, 2 Batraciens, 2 Poissons, 110 Insectes, 13 Myriapodes, Arachnides, etc., 50 Mollusques, 3 Rayonnés, 40 Plantes en herbier, 40 Minéraux, 15 Roches, 30 Fossiles). Prix................ 200 »

Cabinet d'Histoire naturelle, comprenant 602 échantillons (7 Mammifères, 13 Oiseaux, 3 Reptiles, 2 Batraciens, 4 Poissons, 185 Insectes, 28 Myriapodes, etc., 100 Mollusques, 5 Rayonnés, 100 Plantes en herbier, 60 Minéraux, 35 Roches, 60 Fossiles). Prix...................... 400 »

C

CABINET D'HISTOIRE NATURELLE

COMPRENANT **843** ÉCHANTILLONS CARACTÉRISTIQUES

PRIX : 600 FRANCS

ZOOLOGIE

VERTÉBRÉS

Mammifères (9 types)

Squelette monté de Carnassier.
Crâne de Rongeur.
— de Ruminant.
Pied osseux de Pachyderme (Solipède).
— de Ruminant.
Insectivore ⎫
Chiroptère ⎬ montés.
Rongeur ⎪
Carnassier ⎭

Oiseaux (20 types)

Squelette monté de Coq.
Rapace diurne
— nocturne
Grimpeur picidé
— psittacidé
Passereau syndactyle
— tenuirostre
— dentirostre
— conirostre
— fissirostre
Gallinacé vrai   ⎬ montés.
— columbidé
Echassier pressirostre
— cultrirostre
— longirostre
— macrodactyle
Palmipède longipenne
— totipalme
— lamellirostre
— plongeur

Reptiles (3 types)

Squelette de Chélonien.
Ophidien ⎫
Saurien ⎬ montés ou dans l'alcool.

Batraciens (2 types)

Urodèle ⎫
Anoure ⎬ dans l'alcool.

Poissons (4 types)

Squelette monté.
Malacoptérygien ⎫
Lophobranche   ⎬ montés.
Chondroptérygien ⎭

ARTICULÉS

Insectes

Collection de 237 espèces choisies parmi les plus remarquables et parmi celles qui sont utiles ou nuisibles, et comprenant :
112 types de l'ordre des Coléoptères;
10 — — Orthoptères;
20 — — Hémiptères;
10 — — Névroptères;
20 — — Hyménoptères;
50 — — Lépidoptères;
15 — — Diptères;
et de ceux compris autrefois dans la division des Aptères.
Tous bien préparés et rangés dans des cadres vitrés.

Myriapodes.... 4 types ⎫ desséchés
Arachnides.... 9 — ⎬ ou conservés
Crustacés..... 14 — ⎪ dans
Annélides..... 5 — ⎭ l'alcool.
rangés dans deux cadres vitrés.

MOLLUSQUES

125 types : Coquilles et Animaux conservés dans l'alcool.

RAYONNÉS

6 types (Tuniciers, Coralliaires, Echinodermes, Spongiaires) montés à part ou rangés dans un cadre vitré.

BOTANIQUE

HERBIER de 125 échantillons bandelettés sur papier bulle et renfermés dans un carton, représentant les types principaux des plantes Dicotylédones, Monocotylédones et Acotylédones.

GÉOLOGIE

Collection de 100 échantillons des Minéraux les plus importants.
— — 60 Roches de tous les étages géologiques.
— — 120 Fossiles caractéristiques des principaux terrains.

Meuble en chêne ciré à portes vitrées avec les spécimens du Cabinet de 600 f.............................. 250

CABINETS DE PHYSIQUE

C

Les **Cabinets de Physique**, dont nous donnons ci-après la composition et les prix, ont été établis en se conformant aux instructions des programmes officiels pour l'enseignement de la **Physique** dans l'enseignement primaire. Les cabinets ci-après mentionnés de 325, 700 et 1,200 francs comportent des appareils réduits généralement à leur plus grande simplicité, tout en étant très démonstratifs et fonctionnant bien. Tous les appareils sont essayés avant leur expédition, de façon à pouvoir en assurer le fonctionnement.

CABINET DE PHYSIQUE Nᵒ 1

COMPRENANT 60 APPAREILS CARACTÉRISTIQUES

PRIX : 325 FRANCS

Pesanteur
Fil à plomb.

Hydrostatique et Propriétés des gaz
Aréomètre de Nicholson.
     — de Baumé.
Vases communiquants.
Balance hydrostatique, avec poids.
Cylindres pour le principe d'Archimède.
3 Tubes de baromètre.
Fiole des quatre éléments.
Baromètre à mercure, à siphon.
Flacon à densité.
Fontaine intermittente.
Ludion avec éprouvette.
Machine pneumatique à un corps de pompe piston à action directe.
Crève-vessie.
Niveau à bulle d'air.
Pipette en verre.
Siphon.
Tourniquet hydraulique.
Vase de Tantale.

Chaleur
Ballon pour dilatation des gaz.
Bouillant de Franklin.
Hygromètre à cheveu.
Marteau d'eau.
Thermomètre.
Lampe à alcool.

Électricité statique
Bâton de verre.
Bâton de caoutchouc.
Pendule électrique.
Machine électrique électro-statique.

Bouteille de Leyde.
Carreau fulminant.
Chaîne métallique.
Électroscope à feuilles d'or.
Pistolet de Volta.
Tabouret isolant.
Tube étincelant.

Magnétisme — Électricité dynamique
Aiguille aimantée.
Aimant fer à cheval.
Boussole.
Pierre d'aimant naturel.
Pile au bichromate de potasse.
Pile Bunsen.
Pile Leclanché.
Voltamètre.
Téléphone Bell.
Bobine d'induction.
Moteur électrique.
3 Tubes de Geissler.
Fil conducteur.

Acoustique
Harmonica chimique.
4 Morceaux de bois donnant l'accord.
Diapason à bouche.
     — à branches.
Flageolet.

Optique
Lanterne magique avec verres.
Lentille convergente.
     — divergente.
Prisme.
Microscope.
Loupe.

Meuble en chêne ciré, à portes vitrées, avec tablettes, supports, etc., fermeture à serrure, pouvant contenir tous les appareils du Cabinet de Physique nᵒ 1, 115 fr.

CABINET DE PHYSIQUE N° 2

C   COMPRENANT 100 APPAREILS CARACTÉRISTIQUES

PRIX : 700 FRANCS

Pesanteur

Fil à plomb.
Cône pour l'équilibre.
Niveau de maçon.

Hydrostatique et Propriétés des gaz

Tourniquet hydraulique.
Vases communiquants.
Balance hydrostatique, avec poids.
Cylindre pour le principe d'Archimède.
Ludion.
Aréomètre de Nicholson.
— de Baumé.
Flacon à densité.
Alcoomètre.
Appareil des tubes capillaires.
Siphon.
Appareil pour la transmission des pressions en tous sens.
Vase de Tantale.
Vessie à robinet pour les gaz.
4 Tubes de baromètre.
Baromètre à mercure, à siphon.
Tube de Mariotte.
— de Toricelli et vase.
Machine pneumatique à un corps de pompe, piston à action directe.
Crève-vessie.
Coupe-pomme.
Fiole des quatre éléments.
Fontaine intermittente.
Niveau à bulle d'air.
Pipette.
Fontaine de Héron.
Support bois à pince.

Chaleur

Pyromètre à boule.
Ballon pour la dilatation des gaz.
Thermomètre divisé sur tige.
Thermomètre à maxima et à minima.
Tube de thermomètre.
Hygromètre à cheveu.
Marteau d'eau.
Bouillant de Franklin.
Lampe à alcool.

Électricité statique

Bâton de verre.
— de caoutchouc.
Peau de chat.
2 Pendules électriques.
Machine électrique électro-statique.
Electroscope à feuilles d'or.
Carillon électrique.
Tourniquet électrique.

Bouteille de Leyde.
4 Tubes de Geissler.
Carreau fulminant.
Chaîne métallique.
Pistolet de Volta.
Tabouret isolant.
Tube étincelant.
Electrophore.
Excitateur à manche de verre.
Gazomètre à hydrogène.

Magnétisme — Électricité dynamique

Pierre d'aimant naturel.
Aiguille aimantée.
Aimant fer à cheval.
Boussole.
Barreau aimanté en étui.
Aiguille d'inclinaison.
Galvanomètre.
Pile de Volta.
2 Piles au bichromate de potasse.
2 Piles Bunsen.
2 Piles Leclanché.
1 Pile Daniell.
Voltamètre.
Crayons de charbon pour lumière électrique.
Electro-aimant.
Téléphone Bell.
Bobine d'induction.
Moteur électrique.
Télégraphe, récepteur et manipulateur.
Sonnerie électrique.
Fil conducteur.

Acoustique

Harmonica chimique.
4 Morceaux de bois donnant l'accord.
Diapason à branches.
— à bouche.
Flageolet.
Violon.
Archet.

Optique

Lanterne magique avec verres.
Appareil photographique et accessoires, format 9 × 12.
Lentille convergente.
— divergente.
Prisme.
Photomètre.
Microscope.
Loupe.
Disque de Newton.
Lunette de campagne.
3 Miroirs (plan, concave, convexe).
Stéréoscope.

Meuble en chêne ciré, à portes vitrées, avec tablettes, supports, etc., fermeture à serrure, pouvant contenir tous les appareils du Cabinet de Physique n° 2, 250 fr.

CABINET DE PHYSIQUE N° 3

C   COMPRENANT 140 APPAREILS CARACTÉRISTIQUES

PRIX : 1.200 FRANCS [1]

Pesanteur

Cône pour l'équilibre.
Balance Roberval. avec poids.
Fil à plomb.
Niveau de maçon.
Tube de Newton.

Hydrostatique et Propriétés des gaz

Marteau d'eau.
Métronome.
Niveau d'eau fer-blanc avec pied.
— à bulle d'air.
Balance hydrostatique, avec poids.
Cylindres pour le principe d'Archimède.
Ludion avec éprouvette.
Tourniquet hydraulique.
Vases communiquants.
Aréomètre de Nicholson.
— de Baumé.
2 Flacons à densité.
Fiole des quatre éléments.
Alcoomètre.
Appareil pour les tubes capillaires.
Tube à réservoir pour la forme des ménisques.
Endosmètre de Dutrochet.
Fontaine de Héron.
— intermittente.
Siphon en verre.
Vase de Tantale.
Vessie à robinet pour les gaz.
Tube de Torricelli et vase.
4 Tubes de baromètre.
Baromètre à siphon.
Tube de Mariotte.
Manomètre à air comprimé.
Machine pneumatique à un corps de pompe, piston à levier.
Hémisphères de Magdebourg.
Crève-vessie.
Coupe-pomme.
Pipette.
Appareil pour la transmission des pressions en tous sens.
Appareil de la pluie de mercure.
Jet d'eau dans le vide.
2 Supports bois à pince.
1 Support bois à plateau.

Chaleur

Pyromètre à boule.
Ballon pour la dilatation des gaz.
3 Tubes de thermomètre.
Thermomètre divisé sur tige.
Thermomètre à maxima et à minima.
Appareil pour la détermination du point 0 des thermomètres.
Appareil pour la détermination du point 100 des thermomètres à mercure.
Hygromètre à cheveu.
Bouillant de Franklin.
Lampe à alcool.
Briquet à air.
Radiomètre de Crookes.
Lampe de Davy.
Cryophore.

Électricité statique

Bâton de verre.
— de caoutchouc.
Peau de chat.
Machine électrique électro-statique.
2 Pendules électriques.
Tourniquet électrique.
Tabouret isolant.
Electroscope.
Carillon électrique.
Bouteille de Leyde.
Batterie électrique de quatre bouteilles.
Bouteille de Leyde étincelante.
6 Tubes de Geissler.
Chaîne métallique.
Carreau fulminant.
Tube étincelant.
Electrophore.
Appareil à grêle.
Pistolet de Volta.
Perce-verre.
Œuf électrique.
Excitateur à manche de verre.
— universel.
Gazomètre à hydrogène.
Théâtre de pantins.

[1] Pour les cabinets de physique plus complets, consulter le catalogue spécial de physique adressé franco sur demande.

Magnétisme. — Électricité dynamique

Pierre d'aimant naturel.
Aiguille aimantée.
Aimant fer à cheval.
2 Barreaux aimantés.
Boussole.
Aiguille d'inclinaison.
Compas de marine.
Excitateur zinc-cuivre.
Galvanomètre.
Pile de Volta.
2 Piles au bichromate.
2 Piles Bunsen.
2 Piles Leclanché.
1 Pile Daniel.
1 Pile à charbon Godwin.
Voltamètre.
Lampe à incandescence.
Microphone de démonstration.
Crayons de charbon pour lumière électrique.
Hélice pour l'aimantation.
Electro-aimant.
Téléphone Bell.
Téléphone avec microphone (1 poste).
Bobine d'induction.
Interrupteur.
Commutateur.
Moteur électrique.
Télégraphe, récepteur et manipulateur.
Sonnerie électrique.
Fil conducteur.

Acoustique

Harmonica chimique.
8 Morceaux de bois donnant la gamme.
Diapason à branches.
— à bouche.
Flageolet.
Violon.
Trompe de chasse.
Archet et colophane.
Plaque vibrante.
Verge pour la vibration des lames.
Ballon en verre avec clochette.

Optique

Lanterne magique, avec verres.
Appareil photographique et accessoires (format 13 × 18).
Lentille convergente.
— divergente.
Prisme.
Microscope.
Loupe.
Disque de Newton.
Lunette de campagne.
3 Miroirs (plan, concave, convexe).
Stéréoscope.
Chambre claire.
Kaléidoscope.
Miroir cylindrique.
Photomètre.
Tubes phosphorescents.

Meuble en chêne ciré, à portes vitrées, avec tablettes, supports, etc., fermeture à serrure, pouvant contenir tous les appareils du Cabinet de Physique n° 3... 250 fr.

LANTERNE DE PROJECTION

Cette **Lanterne de projection** présente de grands perfectionnements sur toutes celles faites à ce jour. Dans toutes les lanternes existantes, à éclairage de pétrole, le réservoir à pétrole de la source lumineuse se trouve soit renfermé dans le corps même de l'appareil, soit faisant partie de la lampe elle-même. Dans notre nouveau modèle, le récipient est complètement isolé et de l'appareil et de la lampe ; la lanterne peut fonctionner de longues heures, le récipient de pétrole ne s'échauffe jamais. La source lumineuse consiste en une lampe avec verre à double mèche plate : c'est encore un avantage sur les lampes sans verre qui, si bien réglées qu'elles soient, finissent toujours par fumer, incommodant les assistants et altérant de plus l'éclat de la lumière. Dans cette **Lanterne de projection**, la lampe peut s'allumer dans l'intérieur même de l'appareil sans que besoin soit d'enlever le verre ou de sortir la lampe. Pour l'extinction, un levier placé hors du corps de la lanterne permet d'éteindre sans avoir besoin de souffler la flamme. Les deux clefs de réglage de la lumière sont également hors du corps de l'appareil. La partie optique de cette lanterne se compose d'un réflecteur, d'un condensateur puissant, d'un objectif à crémaillère. La partie portant l'objectif est montée sur chariot à crémaillère, de façon à pouvoir permettre l'introduction de clichés, tableaux, etc., de toutes épaisseurs et dans tous les sens.

Prix .... **110 francs**

c

MICROSCOPES

Microscope grand modèle n° 1. — Grand modèle sur deux colonnes, sur axe, avec arrêt à volonté; platine tournante, pourvue d'une plaque noire. Grand condensateur, à grand angle d'ouverture, sous la platine, montée et descente par crémaillère avec une série de diaphragmes; le porte-diaphragmes à mouvement excentrique, latéral et circulaire; mouvement rapide par crémaillère, mouvement lent par vis micrométrique. L'éclairage des corps transparents est fait au moyen d'un miroir double, l'éclairage des corps opaques se fait au moyen d'une grande loupe sur pied.

La partie optique se compose de : 4 oculaires n°° 1, 2, 3, 4, dont un (le n° 2) à micromètre et de 10 objectifs : n°° 1, 2, 3, 4, 5, 6, 7, 8, à sec, n° 9 à immersion à eau, n° 10, à immersion homogène; grossissement maximum 1850. Revolver à trois objectifs. — Chambre claire. — Micromètre objectif à 1/100. Accessoires, aiguilles, scalpels, pince, lames, lamelles, préparations spécimens, etc., avec boîte en chêne... **1195** fr.

Microscope modèle n° 2. — Microscope monté sur une colonne. Platine garnie ou non d'une plaque noire, mouvement rapide par crémaillère de précision, le mouvement lent par vis micrométrique; condensateur puissant à grand angle d'ouverture montant ou descendant à l'aide d'une crémaillère; le porte-diaphragmes est à mouvement excentrique, latéral et circulaire. L'éclairage des corps transparents est fait au moyen d'un miroir double; l'éclairage des corps opaques se fait au moyen d'une grande loupe sur pied. La partie optique se compose de 4 oculaires, n°° 1, 2, 3, 4, dont un, le n° 2, à micromètre; de 6 objectifs n°° 2, 4, 6, 7, 8, à sec, et 9 à immersion, grossissement maximum 1300. Accessoires, aiguilles, scalpel, pince, lame, lamelles, préparations spécimens, etc. Le tout dans une boîte en chêne ciré, avec poignée et fermeture. Prix.............................. **715** fr.

Microscope modèle n° 3. — Modèle moyen à inclinaison, mouvement rapide par crémaillère de précision, et le mouvement lent par vis micrométrique; à l'aide d'un système de parallélogramme articulé, condensateur à grand angle d'ouverture. Ce condensateur est mobile (**fig. 94**); il se place sous la platine; lorsque le condensateur n'est pas utile, on le remplace par une pièce qui peut recevoir les diaphragmes. L'éclairage des corps transparents se fait au moyen d'un double miroir, l'éclairage des corps opaques est obtenu à l'aide d'une grande loupe sur pied. La

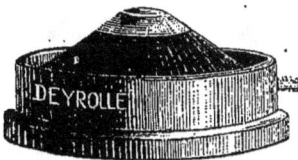

Fig. 94. Condensateur mobile pour les microscopes n° 3 et n° 4 bis.

Fig. 95. Porte-diaphragmes mobile pour les microscopes n° 3 et n° 4 bis.

partie optique se compose de 3 oculaires n°° 1, 2, 4, et de 4 objectifs, n°° 2, 4, 7 et 8 à sec, grossissement maximum 930. Accessoires divers, pinces, lames, etc., le tout dans une boîte en chêne avec poignée et ferrures. Prix........... **430** fr.

Avec un objectif 9 à immersion. Prix............................ **535** fr.

Microscope modèle n° 4 bis (fig. 96). — Modèle moyen à inclinaison ; ne diffère comme construction du modèle n° 3 que par l'absence de crémaillère ; mouvement rapide par tirage du tube dans le canon, mouvement lent par vis micrométrique à l'aide du système parallélogramme articulé ; condensateur à grand angle d'ouverture identique à celui du modèle n° 3 miroir double ; l'éclairage des corps opaques est obtenu par une loupe qui se fixe à volonté sur la platine. Composition optique : 3 objectifs n°s 1, 4 et 7 ; 2 oculaires, n°s 2 et 4 ; grossissement maximum 600. Accessoires, le tout dans une boîte en chêne ciré à serrure, avec poignée et ferrures. Prix... **275** fr.

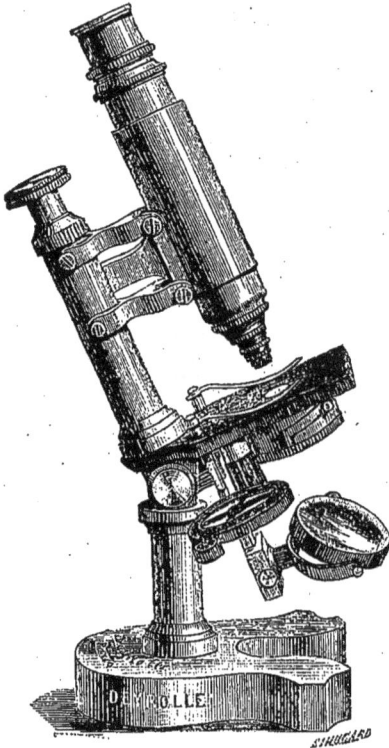

Fig. 96. — Microscope n° 4 bis.   Fig. 97. — Microscope modèle n° 4.

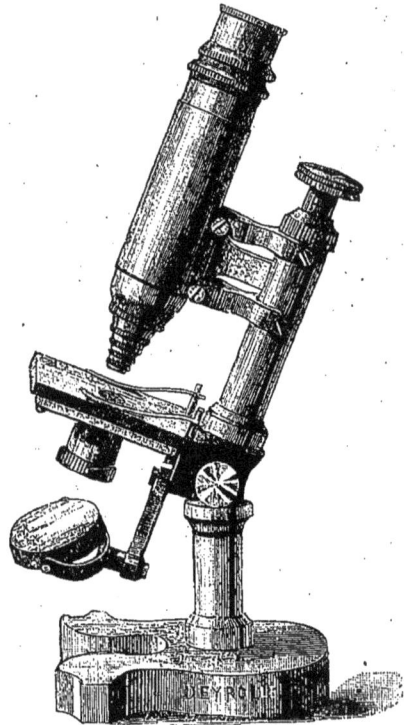

Microscope modèle n° 4 (fig. 97). — Modèle moyen à inclinaison analogue comme construction au n° 4 bis ; il en diffère essentiellement par l'absence de condensateur ; porte-diaphragmes à coulisse et à mouvement vertical ; mouvement micrométrique établi à l'aide du parallélogramme articulé ; la composition optique est de : 2 objectifs n°s 4 et 7 et oculaires n°s 2 et 4, grossissement maximum 600 ; accessoires, le tout contenu dans une boîte en chêne avec serrure, poignée, ferrures nickelées... **195** fr.

Ce modèle n° 4, de même que le n° 4 bis, a été adopté par le Ministère de l'Instruction publique en France. Ces deux modèles n°s 4 et 4-bis ont été spécialement construits pour les laboratoires, comme microscopes d'élèves et pour les établissements d'enseignement secondaire ou primaire.

Microscope modèle n° 5. — Modèle moyen droit, c'est-à-dire sans inclinaison, mouvement rapide par tirage du tube, mouvement lent par vis micrométrique (système du parallélogramme articulé); porte-diaphragmes à coulisse, 2 objectifs n°s 2 et 5, 2 oculaires n°s 2 et 4; grossissement maxima 300; le tout renfermé dans une boîte en chêne ciré à serrures avec poignée et ferrures nickelées........ **165 fr.**

Loupe montée modèle n° 1 (fig. 98). — Modèle perfectionné, repose sur un lourd pied en cuivre; la mise au point se fait à l'aide d'une crémaillère; le bras porte-doublets est à mouvement latéral. La platine porte deux appuie-mains qui peuvent être enlevés à volonté. L'éclairage se fait au moyen d'un miroir à triple articulation permettant ainsi l'éclairage par en dessous et par en dessus. Composition optique, 2 doublets n°s 2 et 4 achromatiques fournissant des grossissements de 6 à 40 fois; avec boîte chêne ciré à serrure, etc.......................... **90 fr.**

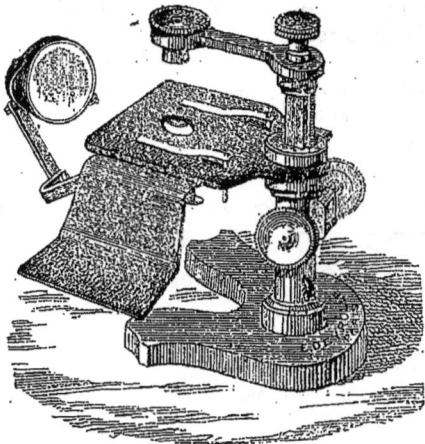

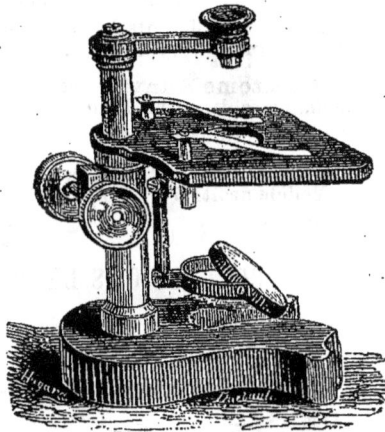

Fig. 98. — Loupe montée modèle n° 1   **Fig. 99.** — Loupe montée modèle n° 2

Loupe montée modèle n° 2 (fig. 98). — Lourd pied en fonte de fer; mise au point par une crémaillère, bras porte-doublets à mouvement latéral; miroir articulé pour l'éclairage. Composition optique deux doublets n°s 1 et 3 donnant des grossissements de 4 à 20 fois; boîte chêne ciré à serrure.............. **60 fr.**

ACCESSOIRES POUR LES ÉTUDES MICROGRAPHIQUES

Condensateur Dujardin consiste essentiellement en un concentrateur à distance focale très courte, donnant un faisceau de rayons lumineux à très grande ouverture. Ce condensateur peut être adapté aux porte-diaphragmes à coulisse des microscopes n°s 4 et 5........ **25 fr.**

Chambre claire perfectionnée pour dessiner les objets contenus dans le champ du microscope.......... **35 fr.**

Polarisation (appareil de) se composant de deux nicols, l'un se plaçant avec l'oculaire, l'autre sous l'objet .... **45 fr.**

Polarisation (appareil de), avec cercle divisé................. **65 fr.**

Pince à tourmalines avec écrin et une série de cristaux montrant tous les phénomènes des anneaux colorés, etc........ **70 fr.**

Prisme redresseur, combiné avec un oculaire (généralement n° 2) pour dissections sous le microscope composé........ **35 fr.**

Micromètre oculaire, consistant en 1 oculaire n° 2, qui peut recevoir à l'intérieur une lamelle de verre circulaire divisée; le verre de l'œil est mobile pour pouvoir être adapté à la vue de l'observateur........ **16 fr.**

Lampe pour l'éclairage du microscope (usage du pétrole), possédant un grand miroir concave et une forte lentille formant condensateur, avec mouvements à glissière, en avant et en arrière, etc.................................... **35 fr.**

Tournette pour faire les cellules, disque nickelé, monture bois chêne ciré... **15 fr.**

Seringue à injections fines avec 2 canules-aiguilles creuses, le tout renfermé dans une boîte en gainerie (contenance : 1 gramme)..... **10 fr.**

Contenance 2 grammes... **15 fr.**

Seringues à injections ordinaires avec une canule.

N° 1 (contenance 15 gr.)...... **8 fr.**	N° 3 (contenance 60 gr.)..... **15 fr.**
N° 2 — 20 — ...... **10 »**	N° 4 — 120 — ..... **20 »**

Canules de différents calibres pour seringues à injections n°s 1 et 2, chaque.   **1.75**

Canules de différents calibres à oreilles pour seringues à injections n°s 3 et 4, chaque.. **3.25**

Microtome Ranvier avec deux tubes intérieurs permettant de varier le diamètre du corps du microtome. Grand modèle................... **12 fr.**

Modèle ordinaire sans tubes intérieurs......................... **7 fr.**

Tranchoir pour faire les coupes.
Modèle droit. **5 fr. 50.** Modèle pliant.......................... **4 fr.**

c

COLLECTIONS DE PRÉPARATIONS MICROSCOPIQUES

ZOOLOGIE

25 préparations anatomie et pathologie, zoologie générale..................	37 50
50 — — — —	75 »
100 — — — —	150 »
250 — — — —	400 »
500 — — — —	1.000 »

BOTANIQUE

25 préparations (section tige, bois, feuilles)........................	35 »
50 —	70 »
500 — —	800 »
25 préparations (ovaire, graines, pollen, spores, etc.)..................	35 »
50 —	70 »
200 — —	600 »
25 préparations (Algues, Mousses, Hépatiques).	35 »
50 —	70 »
300 — —	450 »
25 préparations (Diatomées en groupe, isolées et nommées)............	37 50
100 —	150 »
500 — —	860 »
800 — —	1.400 »
1.000 — —	1.800 »
1.500 — —	3.300 »
100 préparations d'arbres et d'arbustes de France, en coupes ordinaires......	150 »
100 — en grandes coupes.........	300 »
200 — — en coupes ordinaires......	300 »
200 — — en grandes coupes.........	600 »
400 — — en coupes ordinaires......	700 »
400 — — en grandes coupes.........	1.300 »
100 préparations de microbes en culture pure ou in situ..................	150 »

GÉOLOGIE

25 préparations (section de roches et minéraux)......................	50 »
100 — —	200 »
200 — —	450 »
500 — —	1.200 »
1.000 — —	3.000 »

C

COLLECTIONS DE MATIÈRES PREMIÈRES
et de Technologie

Ces **Collections** sont composées d'échantillons soigneusement choisis pour donner l'histoire de chacune des matières premières qu'emploient l'industrie et le commerce et montrer les diverses transformations qu'elles subissent. Tous les échantillons sont accompagnés d'étiquettes donnant les détails les plus importants. Ils sont renfermés suivant leur nature soit dans des cadres vitrés, mesurant environ 59 centimètres sur 47 centimètres (pour accrocher au mur), soit dans des cuvettes en carton, chaque échantillon étant placé dans une cuvette proportionnée à sa taille.

Ces **Collections**, très complètes, établies sur un modèle simple et clair, conviennent à tous établissements d'instruction; mais c'est surtout dans les Écoles secondaires, Lycées, Collèges, Ecole de Commerce, d'Arts et Métiers, Ecole d'Agriculture, qu'elles sont destinées à rendre les plus grands services.

Cotons. — Echantillons de 12 variétés de cotons de diverses provenances, graines entourées de leur duvet, capsules, dessins représentant les détails de la feuille et de la fleur; le tout contenu dans un cadre vitré. — Prix...................... 20 fr.

Noix de coco. — Echantillons de coques de noix de coco, brutes et travaillées, fibres textiles brutes, cardées, filées, tissées; 12 échantillons. — Prix.......... 15 fr.

Cafés. — Echantillons de 12 variétés de cafés de toutes provenances; dessins représentant les feuilles, fleurs et fruits; contenus dans un cadre vitré. — Prix...... 20 fr.

Thés et cacaos. — Echantillons de 3 variétés de cacaos et de 6 variétés de thés; dessins représentant ces deux plantes (feuilles, fleurs, fruits), contenus dans un cadre vitré. — Prix...................... 20 fr.

Céréales. — Collections de 12 espèces de céréales (épis entiers et grains isolés, renfermés dans des tubes). Prix...... 20 fr.

Textiles végétaux. — Lin, Chanvre, Alfa, Ramie, Phormium Tenax, Agave, etc., produits bruts et ouvrés.

50 échantillons		50 fr.
100	—	125 —
150	—	250 —

Aromates. — Cannelles, Girofles, Muscade, Vanilles. Poivres, Piments, etc., 20 échantillons dans un cadre. Prix. 30 fr.

Plantes alimentaires. — Fèves, Pois, Lentille, Haricot, Vesce, Moutarde, etc., types et variétés (graines).

25 échantillons		15 fr.
50	—	45 —
100	—	100 —

Féculents. — Farine, Amidon. Ces sortes sont montées pour l'examen microscopique, seul moyen pour reconnaître sûrement la matière du produit et ses falsifications.

25 échantillons		35 fr.
50	—	75 —
100	—	200 —

Gommes et Résines. Benjoin, Tolu, Camphre, Caoutchouc, Réglisse, etc, etc.

25 échantillons		40 fr.
50	—	120 —
100	—	260 —
135	—	350 —

Laines. — Collection de laines brutes, de toutes provenances, avec l'indication de leur rendement : Laines en suint, lavées à dos, lavées à chaud et teintes; Laines peignées. déchets, fils et tissus; Laines cardées, fils et tissus; poils de *Vigogne*, bruts, filés et tissés; poils d'*Alpaca*, bruts, filés et tissés; duvet de *Chèvre-Cachemire*, brut, filé et tissé.

50 échantillons		50 fr.
75	—	110 —
100	—	200 —
125	—	300 —

Dépouilles et débris des animaux. — Peaux, Poils, Cornes, Os, Bois, Colles, Ivoire, Nacre, Corail, Eponges, etc.

50 échantillons		45 fr.
100	—	110 —
200	—	225 —
300	—	400 —

Papiers. — Matières premières et produits, pâte de bois, pâte de paille, d'alfa, de vieux cordages et chiffon, échantillons de produits purs et mélangés.

75 échantillons		75 fr.
150	—	225 —
200	—	300 —

Matières tinctoriales et tannantes. — Cochenilles, Kermès, Seiche, Pyrrhée, Rocou, Sorgho, Bablah, Brou de noix, Myrobolans, Carthame, Safran, Quercitron, Campêche, Bois rouge, Sumac, Indigo, Galles, Garance, Curcuma, Lichens, Cachous, Gomme-gutte; Couleurs d'aniline, etc.

100 échantillons		70 fr.
200	—	160 —
300	—	270 —
500	—	500 —

Houille et ses produits, sortes de Houille, Coke, Goudron, Benzine, Naphtaline, Sels d'Ammoniaque, etc.

25 échantillons		25 fr.
50	—	75 —
100	—	200 —

Terres cuites, briques, poteries, faïences, produits bruts et fabriqués.

50 échantillons		50 fr.
100	—	125 —

Verre. — Histoire de la fabrication du verre, produits bruts et fabriqués.

25 échantillons		25 fr.
50	—	75 —
100	—	200 —

ENSEIGNEMENT DU DESSIN

TABLES DE DESSIN

I

Table de dessin,

avec pied en fer forgé,

Modèle démontable.

Fig. 100

Se fait en deux hauteurs

0^m75 et 0^m85

Fig. 100

Semelle et tablette en hêtre longueur 1^m30 .... **45** fr.
—   —   en chêne   —   1^m30 .... **55** fr.

C

MEUBLES POUR RANGER LES DESSINS A PLAT

Toute la façade, les côtés, le dessus sont en chêne, le fond est en peuplier. Chaque tiroir mesure 5 cent. 1/2 intérieurement.

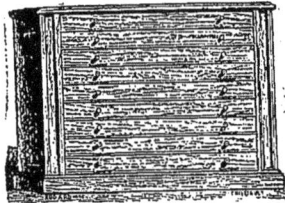

Fig. 101. Meuble de 9 tiroirs, vue de face.

Fig. 102. Coupe du meuble.

Modèle N° 55 avec 9 tiroirs pour dessins de 0.65 × 0.50 .... 165 - »
Modèle N° 58   —   —   0.85 × 0.65 .... 280 »
Modèle N° 61   —   —   1.14 × 0.80 .... 355 »

Ces meubles peuvent être faits avec un nombre différent de tiroirs suivant la place dont on dispose, avec portes ou avec fermeture sur les côtés, les prix seront envoyés gratis sur demande.

C

MATÉRIEL POUR LE DESSIN

Règles plates	Dimension en cent.	32	40	50	60	65	75	100
	Prix, la douzaine	0.80	1 »	1.35	1.95	2.40	3.10	4.8:
Equerres allongées	Dimension en cent.	14	18	22	25	30	35	40
	Prix, la douzaine	0.75	0.95	1.05	1.25	1.60	2.55	2.7:
Equerres à 45 degrés	Dimension en cent.	10	14	18	20	22	25	27
	Prix, la douzaine	0.85	1.25	1.65	1.85	2.10	2.45	3.1:

Pistolets assortis de 16 à 25 centimètres, la douzaine assortie .... 4 »

C Tés fixes	Dimension en cent.	40	50	60	70	80	90	100
	Prix à la pièce	0.65	0.80	0.95	1.25	1.85	2.20	2.80
	Prix à la douzaine	7.25	9.15	10.50	14 »	21.25	25 »	32 »

Planches à dessin emboîtées des 2 bouts	Dimension en cent.	40×30	50×35	51×40	60×45	65×50	75×60
	Prix à la pièce	2.50	3.50	3.80	4.90	5 »	6.25

F   **MODÈLES DE DESSIN EN RELIEF**

Les modèles en relief que nous présentons ci-après sont en carton; ils sont identiques comme aspect à des modèles analogues en plâtre, et le prix en est des plus réduits. Ces modèles ont été particulièrement établis pour les établissements d'enseignement primaire, dont les crédits sont souvent très modestes, les programmes officiels prescrivant l'usage des modèles en relief dans les écoles primaires.

Série A. 12 *modèles dans une boîte,* 4 fr. 80.

1. Refends, Bossages.
2. Denticules, Dents de scie.
3. Niveau de maçon.
4. Panneau. Losange.
5. Compas en bois.
6. Triglyphe.
7. Bordures grecques.
8. Panneau à angles arrondis et droits.
9. Clef de voûte.
10. Equerre en bois, Fil à plomb.
11. Etoile simple.
12. Panneau carré.

Série B. 12 *modèles dans une boîte,* 4 fr. 80.

1. Bordure.
2. Rosace, Perle.
3. Oves, Raies de cœur.
4. Rosace.
5. Bossages, Tores.
6. Pulmonaire cymbalaire (feuille).
7. Erable piloselle (feuille).
8. Chêne (feuille).
9. Fleuron.
10. Passiflore palmée (feuille).
11. Lierre (feuille).
12. Frise grecque.

Série C. 12 *modèles dans une boîte,* 5 fr. 75

1. Canaux.
2. Frise grecque (fragments).
3. Fleuron.
4. Frise grecque.
5. Fragment de panneau.
6. Rosace Renaissance (ancien hôtel de Ville de Paris).
7. Médaillon tête Cérès (antique).
8. — — Minerve (antique).
9. — — Auguste jeune (antique).
10. — — Pâris (antique).
11. — — Apollon (antique).
12. — — Jeune Egyptienne.

Série D. 12 *modèles dans une boîte,* 6 fr. 60.

1. Vénus de Milo (Tête) (antique).
2. Diane chasseresse (Tête) (antique).
3. Achille — —
4. Antinoüs — —
5. Sapho — —
6. Joueuse aux osselets — —
7. Faune riant — —
8. Agrippa — —
9. Ulysse — —
10. Caracalla — —
11. Vénus du Capitole — —
12. Thallo — —

C

SOLIDES GÉOMÉTRIQUES

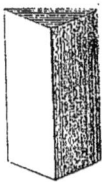 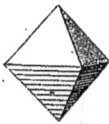  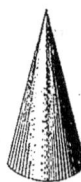

Fig. 103.   Fig. 104.   Fig. 105.   Fig. 106.   Fig. 107.   Fig. 108.

Solides géométriques.

Collection de 10 solides géométriques, en plâtre, mesurant en moyenne 20 centimètres de hauteur : Parallélipipède rectangle, prisme, tétraèdre, octaèdre régulier, cube, cylindre, cône, isocaèdre régulier, pyramide quadrangulaire, pyramide hexagonale.. 18 »

C COLLECTION DE MODÈLES DE PÉNÉTRATION

Pénétration (fig. 109). — Collection de 20 modèles de 12 centimètres de haut environ, montrant les principales pénétrations
de solides, telles : tétraèdres, cubes, prismes, cylindres,
cylindre et cône, cônes, cône et pyramide triangulaire, cône
et prisme, pyramide et cône, sphère et pyramide, sphère et
cône, etc.. 200 »

Fig. 109.
Modèle de Pénétration.

C MODÈLES EN PLATRE POUR LE DESSIN

Nos		LA PIÈCE	Nos		LA PIÈCE
1	Feuille simple gothique........	1.40	31	Pilastre Louis XIII et chapiteau..	4 »
2	— gothique..............	1.40	32	Frise Renaissance	2.80
3	— de Lierre.............	1.40	33	Vase sans anse...............	1.25
4	— de Houx.............	1.40			
5	Motif Gaillon..............	1.40		**Mains et pieds.**	
6	—	1.40			
7	Feuille de Géranium.......	1.40	34	Main au bracelet (femme).....	1.40
8	— de Vigne...........	1.40	35	— au bâton (homme)........	2.10
9	— de Chêne, avec glands..	1.40	36	Pied de la Vénus de Médicis...	1.40
10	— de Figuier..........	1.40	37	— du gladiateur posé........	2.10
11	— de Chrysanthème	1.40			
12	— de Lance...........	1.40		**Masques.**	
13	Fleur de Lis Renaissance de Gaillon...................	1.40	38	Masque d'enfant (François).....	1.40
14	Rosace Scipion Pavot........	1.40	39	Jeune Faune riant...........	1.40
15	— Louis XIV	1.40	40	Gladiateur................	2.10
16	Vase (applique)............	1.40	41	Diane de Houdon..........	2.10
17	Rinceau Médicis...........	3.50	42	Trajan	1.40
18	Feuille d'Acanthe Louis XVI..	1.40	43	Saint Jérôme..............	4.25
19	Rosace Louis XIV	1.75			
20	Acanthe rinceau.........	1.40		**Bustes.**	
21	Rinceau feuilles de Vigne.....	1.40	44	Laocoon fils jeune........	4.25
22	Fleurs de Lis Renaissance......	3.15	45	Agrippa, grand modèle........	8.50
23	Grappe de raisin, avec feuilles..	4 »	46	Ariane, —	11.25
24	Tournesol, avec feuilles.....	4 »	47	Laocoon père..............	14 »
25	Rosace Marguerite, grand modèle........	4 »		**Statues.**	
26	Chimère..............	1.75	48	Diane de Gabie drapée, 70 cent.	14 »
27	Frise Michel-Ange.........	2.80	49	Vénus de Milo nue, 86 —	10 »
28	Pilastre de la Trinité, à Florence..	2.80	50	Sophocle drapé, 90 —	13.50
29	Acanthe, grand rinceau.......	5 »	51	Germanicus 80 —	16 »
30	— console.............	4 »			

Les cinq ordres d'architecture.

Toscan, Dorique, Ionique, de 0.25 de hauteur.................. La pièce 5 50
Corinthien, Composite, — — .... — 9 »

Statues, Têtes, Bustes, etc.

Gladiateur mourant (110 × 0.20)....	8 »	Minerve (tête) (0.90)	10 »
Faune à l'enfant (0.19 × 0.65)......	13 »	Vénus de Milo (tête) (0.65)........	9 »
Hercule Farnèse (0.30 × 0.75)......	15 »	Bras, grandeur naturelle	5 »
Minerve de Turin (0.36 × 0.75).....	13 »	Main, —	2 50
Vénus de Milo (0.47 × 1.00)........	28 »	Pied, —	4 »
Apollon (buste) (0.80).............	15 »	Casque Henri II	9 »
Achille (tête) (0.50)	7 »	— gothique Renaissance	7 »
Diane chasseresse (buste) (0.70).....	15 »	Bouclier rond Henri II...........	9 »
— (tête) (0.60).......	10 »	— d'Achille	9 »
Homère (tête) (0.60)	10 »	Hache Henri II	6 »
Néron (tête) (0.60)	7 »	Gantelets Henri II, la paire........	8 »

F GÉOGRAPHIE, GLOBES TERRESTRES, CÉLESTES
Cartes Géographiques, Cosmographes

Sphères armillaires ou de Pto-lémée, représentant le système du monde d'après les anciens (texte français ou espagnol).	Cercles carton	Cercle et méridien cuivre	Sphère de Ptolémée
Diamètre 16 cent..............	14 »	22 »	**Fig.**
— 20 —..............	18 »	24 »	
— 25 —..............	26 »	35 »	**110**
— 30 —..............	36 »	50 »	
— 33 —..............	45 »	70 »	

Sphères de Copernic, ou sys-tème du monde d'après les mo-dernes (texte français ou espagnol).	Cercles carton	Cercle et méridien cuivre	Sphère de Copernic
Diamètre 16 cent..............	11 »	22 »	
— 20 —..............	14 »	24 »	**Fig.**
— 25 —..............	19 »	38 »	
— 30 —..............	29 »	50 »	**111**
— 33 —..............	37 »	70 »	

Fig. 112. A.
Modèle droit
sur pied bois.

Fig. 113. B.
Modèle incliné
sur pied bois.

Fig. 114. C.
Modèle incliné
sur pied fonte.

Fig. 115. D.
Modèle sur pied bois
½ méridien cuivre.

diamètres	Fig. 112, A, droit sur pied bois	Fig. 113, B, incliné sur pied bois	Fig. 114, C, incliné sur pied fonte	Fig. 115, D, pied noir 1/2 méridien cuivre	Fig. 116, E, pied noir, cercle et méridien cuivre
Globe terrestre, 16 cent	5 »	6 »	7 · »	9 »	16 »
— 20 c...	7 »	9 »	10 »	12 »	22 »
— 25 c...	10 »	12 »	14 »	18 »	27 »
— 33 c...	13 »	16 »	18 »	24 »	38 »
— 45 c...	40 »	45 »	50 »	60 »	90 »
— 50 c...	50 »	60 »	70 »	80 »	130 »
— 66 c...	90 »	95 »	120 »	160 »	280 »
Globe céleste, 16 c...	5 »	6 »	7 »	9 »	16 »
— 20 c...	7 »	9 »	10 »	12 »	22 »
— 25 c...	10 »	12 »	14 »	18 »	27 »
— 33 c...	13 »	16 »	18 »	24 »	38 »
— 45 c...	40 »	45 »	50 »	60 »	90 »
— 50 c...	50 »	60 »	70 »	80 »	150 »
— 66 c...	90 »	95 »	120 »	160 »	280 »

Fig. 116. E.
Pied bois, cercle et
méridien cuivre

Ces globes sont en texte français ou en texte espagnol.
Les Globes célestes ou terrestres de 25 et 33 cent existent aussi en texte portugais.

CARTE GÉOGRAPHIQUE
A ÉCHANTILLONS NATURELS

H
BREVETÉE S. G. D. G.

Par J. VAQUEZ, Instituteur

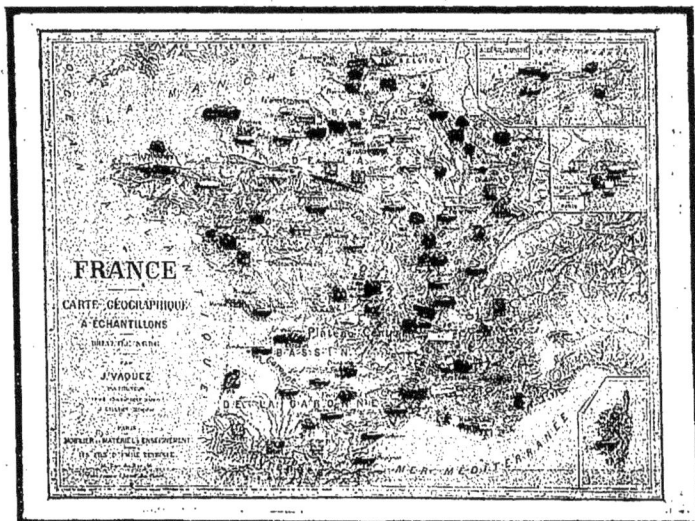

Fig. 116 bis. — Carte de France à échantillons, par J. Vaquez, instituteur.

Cette carte géographique de la France comporte 120 échantillons naturels caractéristiques (Algérie et environs de Paris compris), fixés aux lieux mêmes où ils sont recueillis, importés ou fabriqués, et indiquant ainsi à simple vue la production naturelle ou industrielle d'une ville ou d'une région. La figure ci-contre donne un aperçu de ce nouveau système d'enseignement dont l'utilité n'est pas à démontrer; car ce ne sont pas de simples figures, mais les objets eux-mêmes que les enfants peuvent voir et toucher. Sans efforts et sans livre, l'enfant apprendra à connaître les principales richesses et industries de la France. Cette carte trouvera place non seulement dans toutes les écoles de l'enseignement primaire, mais même dans les établissements d'enseignement secondaire pour les classes élémentaires. La carte mesure 1m,20 sur 0m,90 et est montée sur carton fort avec châssis en bois.

Au bas de la carte se trouve un casier mobile, divisé en compartiments, pouvant recevoir des spécimens naturels pour servir aux leçons de choses. Les spécimens composant la collection de leçons de choses sont : lin, chanvre, coton, soie, laine épis de blé, seigle, avoine, peau, peau tannée, tan, garance, colza et navette, olive et œillette, aimant, albâtre, anthracite, plomb, ardoise, argile, blende, calamine craie, cuivre, quartz, fer, glaise, graphite, houille, kaolin, marbre, ocre, ponce pyrite, charbons, silex, soufre, tourbe, gypse, fossiles, etc.

La Carte de France avec 120 échantillons en nature, montée sur cadre en bois :

SANS la collection de leçons de choses (fig. 116 bis).... 35 franc
AVEC la collection de leçons de choses........... 55 franc
La Carte seule collée sur toile sans échantillons..... 6 franc

F # CARTES GÉOGRAPHIQUES MURALES

Toutes ces cartes sont collées sur toile.
Grandes cartes murales
mesurant 1 m. 80 sur 1 m. 36, tirées en cinq couleurs.

France............................	22 »	Planisphère........................	22 »
Europe............................	22 »		

Cartes murales moyennes
mesurant 1 m. 20 sur 0 m. 95 (format grand monde).
Ces cartes sont éditées *écrites* ou *muettes*.

France........................	8 »	Océanie........................	8 »
Europe........................	8 »	Mappemonde.....................	8 »
Asie..........................	8 »	Planisphère....................	8 »
Afrique.......................	8 »	Palestine......................	8 »
Amérique......................	8 »		

Cartes diverses

Carte du Tonkin, par Mallart-Cressin, à l'échelle de 1/850.000 (format raisin... **6 fr. 50**
Carte générale de l'Algérie, comprenant l'empire du Maroc et la régence de Tunis, par Frémin (format grand aigle)..................... **9 fr. 50**
Carte physique et politique de l'Amérique du Sud, texte espagnol (Mappa física y política America del Sul), format grand aigle .... **11 fr.**
Mappemonde céleste, format double grand aigle.................. **12 fr.**

Carte en relief

France, relief du sol. Cette carte est gravée et peinte à la main, très pratique pour l'enseignement de la géographie physique de la France ; cette carte mesure 0.75 sur 0.80 avec cadre. Prix..................... **80 fr.**

1 ## Appareils de suspension pour cartes murales

Rouleaux à ressort à **arrêt automatique**. Ces rouleaux (fig. **117**) permettent, et cela sans aucune corde, de baisser et de lever à volonté la carte qui y est fixée ; l'arrêt est automatique ; la carte remonte également à volonté.

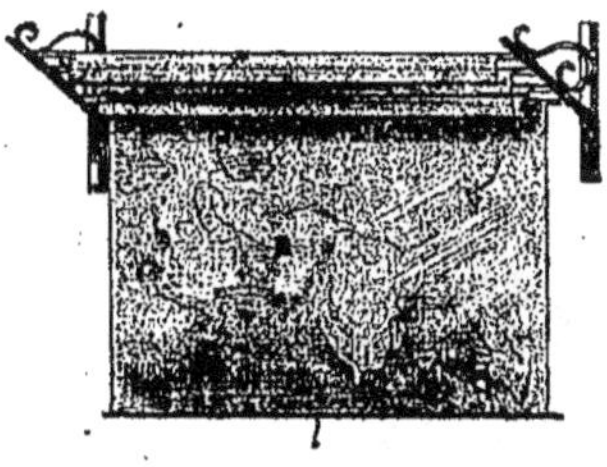

Fig. 117. 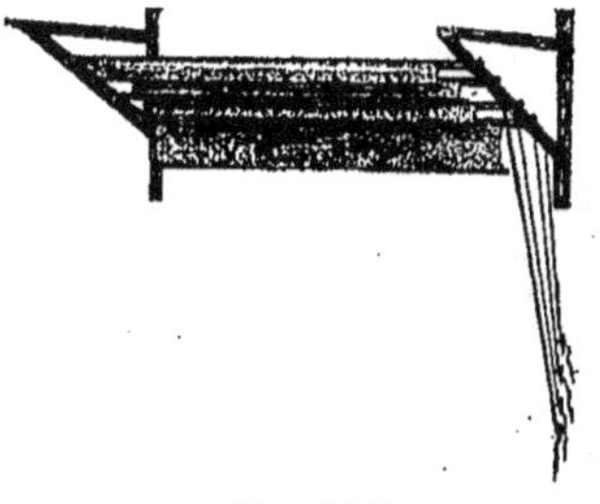   **Fig. 118.**

Rouleau automatique en bois pour carte de 1 m. 25..........................					4 »
—	—	—	—	1 m. 50............................		6 50
—	—	—	—	2 m.		8 75
Rouleau automatique en fer-blanc pour carte de 1 m. 50....................					20 »
—	—	—	—	2 m.		25 »
—	—	—	—	3 m.		38 »
Potences en fer forgé pour 4 cartes, à rouleau automatique, la paire............					10 »
—	—	6	—	—	....	12 »
—	—	8	—	—	....	15 »
Rouleaux à poulies (fig. 118).					
Rouleau bois avec deux rondelles cuivre, 1 mètre.......................					3 40
—	—	—	—	1 m. 30..........................		3 85
—	—	—	—	2 mètres........................		4 30
—	—	—	—	2 m. 50.........................		4 75
—	—	—	—	3 mètres........................		5 20
Potences à rouleau à poulies, en fer forgé pour 3 cartes, la paire................					6 50
—	—		5 cartes,	—	....	8 »

COSMOGRAPHE

NOUVEAU MODÈLE PERFECTIONNÉ

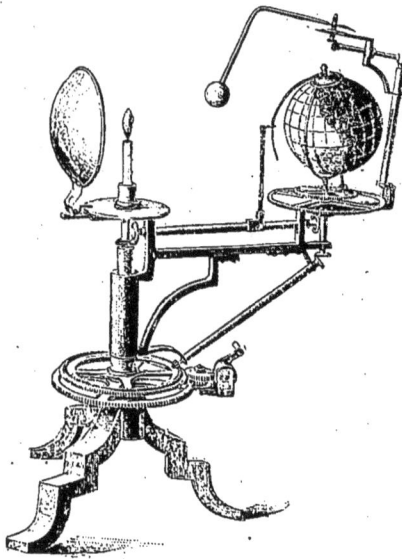

Ce cosmographe permet de démontrer : Mouvement de rotation de la Terre. — Mouvement de translation de la terre et de la lune. — Inégalité des jours et des nuits. — Successions des jours et des nuits. — Saisons. — Variation de la distance de la Terre au Soleil, Aphélie et Périhélie. — Obliquité de l'Ecliptique. — Valeur du jour sidéral. — Valeur du jour solaire, leur différence. — Déclinaison du Soleil pour chaque jour. — Phénomènes lunaires. — Mouvement de la Lune, nœuds. — Périgée et apogée. — Conjonction. — Opposition, Révolution sidérale, synodiques. — Phases de la Lune, jours lunaires. — Eclipses, etc.

Prix.............. 115 fr.

Fig. 119

COMPAS

COMPAS DE RÉDUCTION

Compas de 16 cent. (fig. 121), cuivre	3 50	maillechort.	4 50
— 18 — — —	7	» —	8 »
— 20 — — —	9	» . —	10 · »
— 17 cent. (fig. 120), cuivre	8	» maillechort.	9 »
— 20 — —. —	12	» —	13 »

Fig. Fig.
120 121

F

BOITES DE COMPAS

| | | Ordinaires | | Porte-mine mobile |
		Boîte bois rouge	Boîte Palissandre	Boîte palissandre
Compas de 11 cent. composition de la fig. **122**...		2 »	2 50	
—	— maillechort.................		5 50	
—	— composition de la fig. **123**...	2 80	3 30	6 50
—	— maillechort.................		6 50	8 »
—	14 cent. composition de la fig. **122**...	2 50	3 »	
—	— maillechort.................		5 90	7 »
—	— composition de la fig. **123**...	3 50	4 »	
—	— à vis aux brisures...........		4 25	4 80
—	16 cent. composition de la fig. **122**...	3 »	3 50	
—	— maillechort.................		6 50	7 50
—	— composition de la fig. **123**...	4 »	4 50	
—	— à vis aux brisures...........		4 75	5 50
—	— composition de la fig. **125**...		6 50	
—	— à vis aux brisures...........		7 »	7 75
—	— à deux tire-lignes...........		10 »	10 75
—	— composition de la fig. **124**...		13 75	14 50
—	— maillechort.................		19 50	21 50

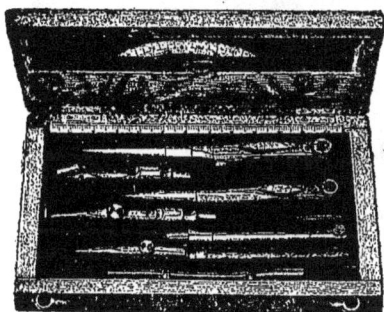

Fig. 122

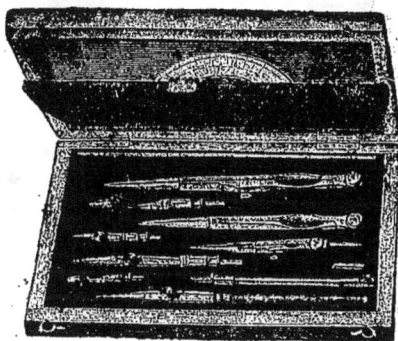

Fig. 123

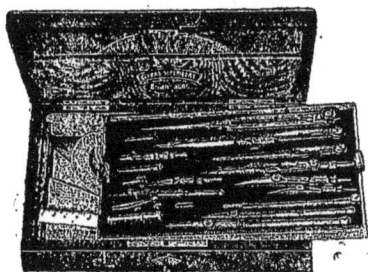

Fig. 124

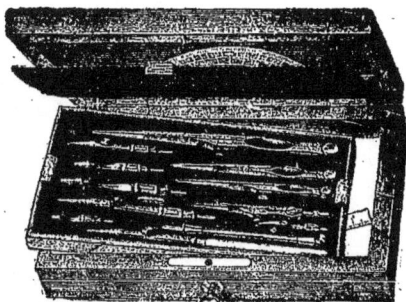

Fig. 125

F

POCHETTES DE COMPAS

	Ordinaires	Porte-mine mobile
Compas de 11 cent. composition de la fig. 126, percaline.	6 50	7 »
— — maillechort.	9 »	9 50
— 14 cent. composition de la fig. 126	7 »	7 50
— — maillechort.	9 50	10 »
— — compos. de la fig. 127 (dessus peau)	10 50	11 50
— — deux tire-lignes	12 »	13 »
— — maillechort.	13 »	14 »
— — deux tire-lignes	15 »	16 »
Grande pochette, 18 pièces	.....	42 »
— — avec compas de réduction	.....	50 »

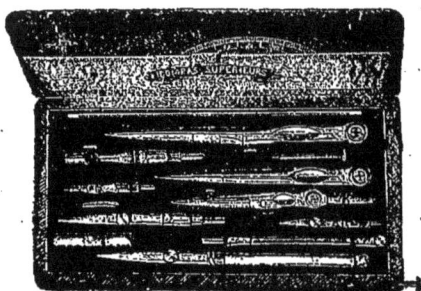

Fig. 126

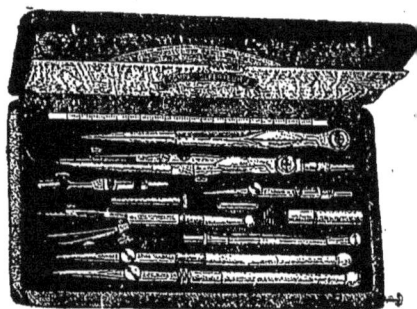

Fig. 127

C

ARPENTAGE

Chaînes d'arpenteur (10 m.), avec jeu de fiches (fig. 129)   5 »

Fiche plombée.   0 90

Décamètre, ruban d'acier de 14 mill., poignée en T (fig. 130)   10 »

Fig. 129
Chaîne d'arpentage.

Fig. 130
Décamètre à ruban d'acier.

Fig. 131
Équerre oct.

Mire dite canne, se démontant, portant 2 mètres (fig. 128).   16 75

Mire parlante à coulisse de 4 mètres de développement,
divisions peintes aux centimètres   32 »

Alidade à pinnules, règle de 0,45   35 »

Equerre octogone à fenêtre (fig. 131)   5 75

Equerre sphérique   7 »

Fig. 128
Mire.

Niveau d'eau, fer-blanc, coude cuivre, en 3 parties se montant, à vis, genouillère cuivre (**fig. 133**)... **12 75**

Fig. 132	Fig. 133	Fig. 134
Graphomètre à pinnules.	Niveau d'eau.	Fil à plomb à vis.

Graphomètre à pinnules et boussole, en boîte à poignée, de 16 cent. 1/2 cercle (**fig. 132**)... **45** »
— Le même avec niveau sur l'alidade .... **52** »
Fil à plomb en cuivre (**fig. 134**), de 40 m/m, 6 25 ; de 30 m/m, 5 » ; de 20 m/m. **4** »

MODÈLES DE MÉCANIQUE, DE CONSTRUCTION
C   MODÈLES EN BOIS POUR DÉMONSTRATION

Ces modèles sont construits au point de vue de la démonstration ; ils représentent le principe théorique de l'appareil ou de la construction. Les proportions ont été respectées ; ces modèles sont, en un mot, faits pour donner aux élèves des notions exactes de ces organes de mécanique, de ces appareils de construction, etc. Les quelques figures que nous donnons ci-contre permettront de présenter un aperçu des divers appareils mentionnés ci-contre.

Escalier tournant à l'anglaise (**fig. 135**)..................... **60** »
Ferme d'un comble, petit modèle. **36** »
— grand modèle. **65** »
Comble à la mansarde, petit modèle....................... **36** »
— grand modèle. **65** »

Pont de bois sur pile en pierre, petit modèle.................. **75** »
Pont de bois sur pile en pierre, grand modèle................. **135** »
Voûte sphérique............... **27** »

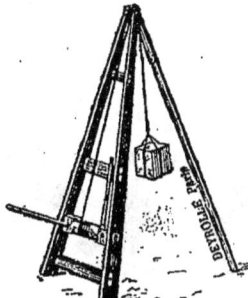

Fig. 135. Escalier tournant. **Fig. 136.** Chèvre de Charpentier. **Fig. 137.** Roue de carrière.

Treuil de puits................. **15** »
Treuil à engrenages............ **22** »
Treuil différentiel............. **22** »
Roue de carrière (**fig. 137**), employée pour enlever des fardeaux plus considérables qu'avec le treuil......................... **22** »
Mouton à sonnette, pour enfoncer des pieux en terre............ **18** »

Mouton à déclic et à engrenages donnant une force plus considérable que le précédent........ **45** »
Chèvre de charpentier (**fig. 136**) très employée dans tous les travaux de charpente et de maçonnerie................. **18** »
Chèvre à engrenages............ **22** »

Cabestan (fig. 138); cet instrument, très employé dans la marine, est, en réalité, un treuil qui agit horizontalement .... 22 »
Grue à treuil (**fig. 140**) ; cet appareil sert à enlever des fardeaux et à les transporter d'un endroit dans un autre........ 36 »

Grue à engrenages................ 45 »
— mobile à treuil................ 150 »
Machine élévatoire pour les constructions (**fig. 141**)........................ 160 »
Moulin à vent (fig. 139).......... 70 »

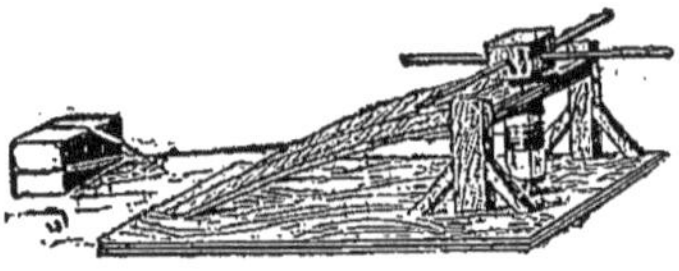

Fig. 138. — Cabestan

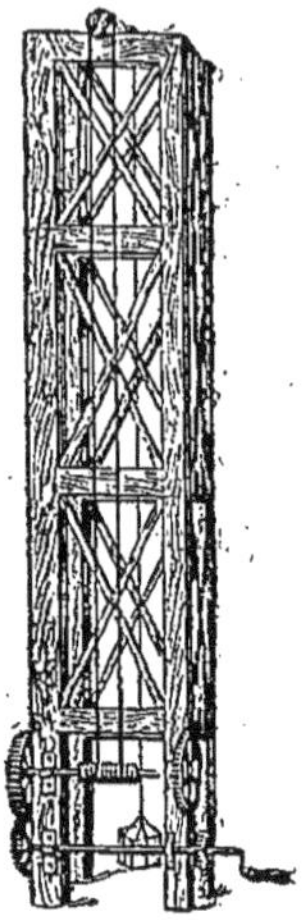

Fig. 141. — Machine élévatoire pour les constructions.

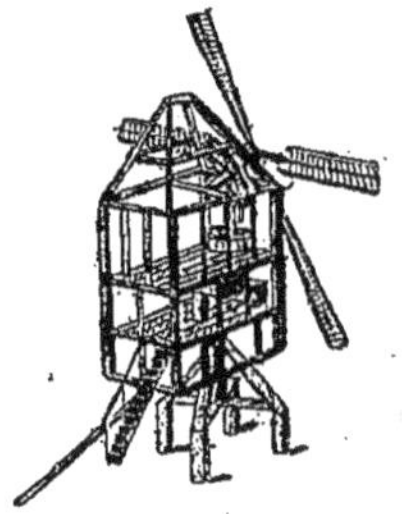

Fig. 139. — Moulin à vent.

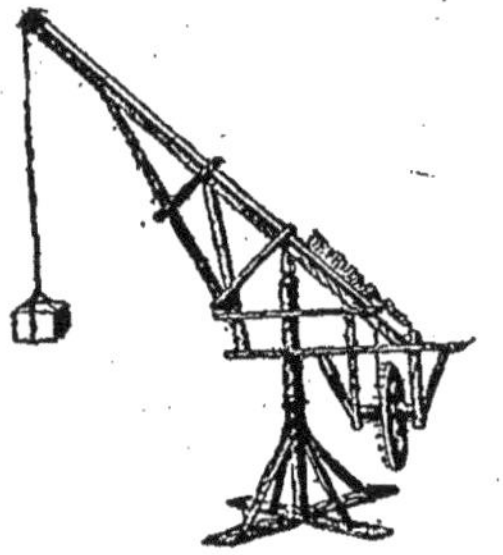

Fig. 140. — Grue à treuil.

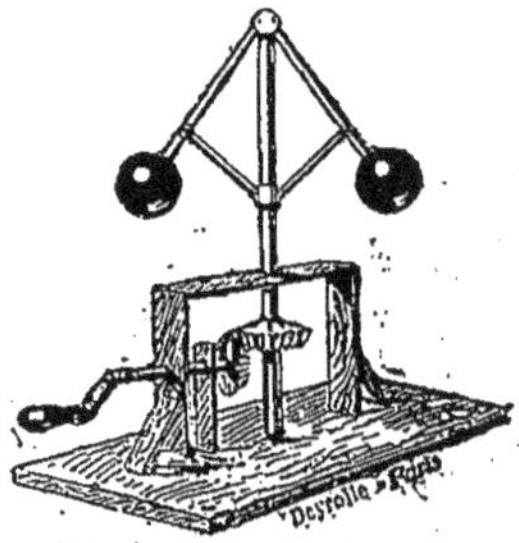

Fig 142. Régulateur.

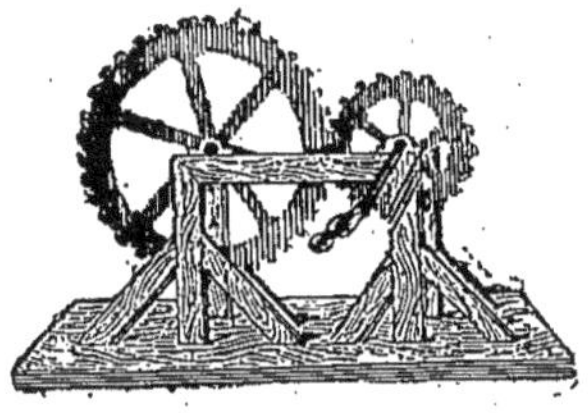

Fig. 143. — Roues dentées.

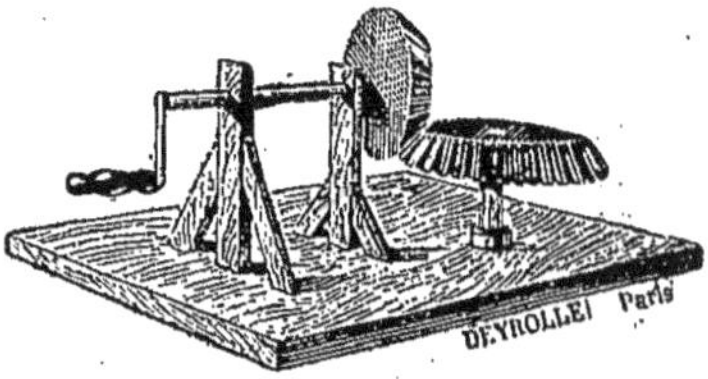

Fig. 144. Roues dentées d'angle.

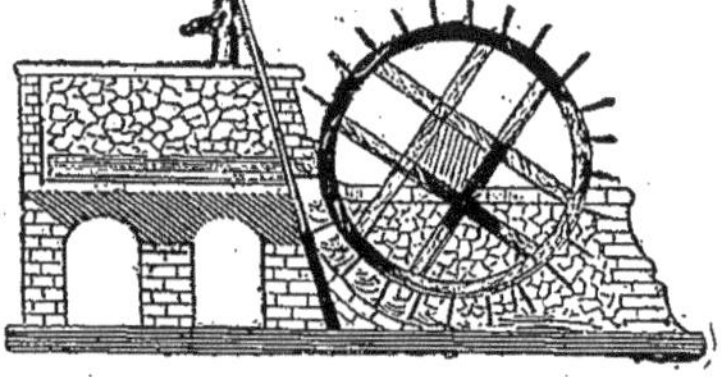

Fig. 145. — Roue hydraulique avec vannes.

Régulateur à force centrifuge (**fig. 142**) .... 45 »
Roues dentées ou engrenage droit (**fig. 143**) .. .. 25 »
Roues dentées d'angle conique (**fig. 144**)........................ 30 »
Roue hydraulique de côté avec vannes (**fig. 145**) .... 130 »
— sans vannes.. 50 »
Roue hydraulique en dessous à aubes planes avec vannes............ 130 »
— sans vannes.. 45 »
Roue hydraulique en dessus à augets avec vannes .... 135 »
— sans vannes.. 50 »
Modèle d'écluse.. 200 »

^CINSTRUMENTS AGRICOLES (MODÈLES RÉDUITS)

Ces **Instruments agricoles** réduits donnent la reproduction des principaux instruments employés en agriculture. Ces appareils sont d'une fabrication très soignée ; tous les modèles sont construits en observant l'échelle de réduction. Ils ont une dimension moyenne de 45 à 55 centimètres de longueur ; ils sont nickelés.

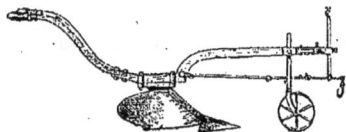

Fig. 146. — Charrue droite.

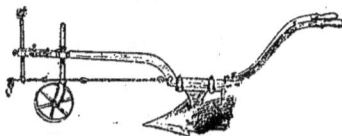

Fig. 147. — Charrue tourne-oreille.

Fig. 148. — Fouilleuse à 1 soc.

Fig. 149. — Herse vigneronne.

Fig. 150. — Houe-herse vigneronne à 5 couteaux.

Fig. 151. — Butteur à une roue.

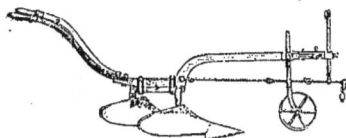

Fig. 152. — Bisoc vigneron.

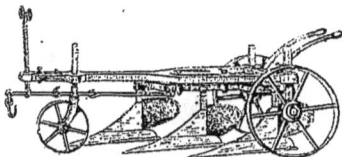

Fig. 153. — Trisoc ordinaire.

Charrue droite à une roue **fig. 146**..	40	»
— à deux roues........	45	»
— vigneronne...............	40	»
— tourne-oreille **fig. 147**....	45	»
— fouilleuse à 1 soc..........	30	»
— — à 3 socs.........	40	»
Herse vigneronne **fig. 149**........	45	»

Houe-herse vigneronne **fig. 150**...	45	»
Butteur à 1 roue **fig. 151**.........	45	»
Bisoc ordinaire...................	70	»
Bisoc vigneron **fig. 152**...........	60	»
Trisoc ordinaire **fig. 153**.........	100	»
— vigneron	90	»
Charrue Brabant **fig. 154**........	110	»

Arrache-betterave................	45 »	Rouleau Croskill fig. 156 .... 40 »
Arrache-pomme de terre fig. 155..	45 »	— uni fig. 157........... 40 »

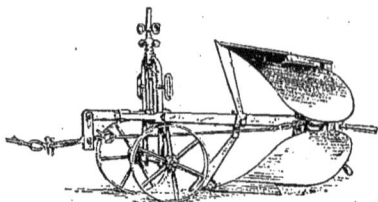
Fig. 154. — Charrue Brabant.

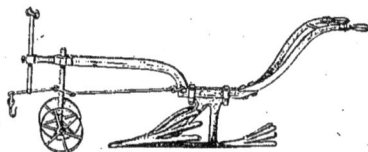
Fig. 155. — Arrache-pomme de terre.

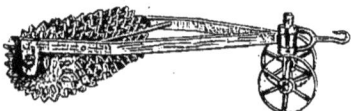
Fig. 156. — Rouleau Croskill.

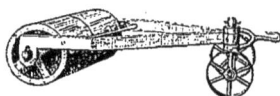
Fig. 157. — Rouleau uni.

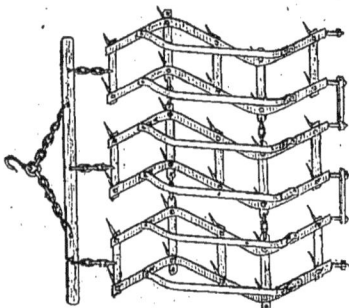
Fig. 158. — Herse articulée.

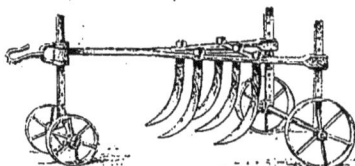
Fig. 159 — Scarificateur.

Fig. 160
Déchaumeuse.

Fig. 161
Extirpateur.

Fig. 162
Régénérateur des prairies.

Herse articulée fig. 158.........	70 »	Régénérateur de prairie fig. 162.. 60 »
Scarificateur fig. 159..........	60 »	Ces trois derniers modèles ont la monture
Déchaumeuse fig. 160...........	60 »	identique au Scarificateur. Nous ne figurons
Extirpateur fig. 161............	60 »	que la partie qui change.

La collection complète des 23 modèles nickelés..... 1.275 fr.

C

ASSEMBLAGE DES BOIS

CHARPENTE EN BOIS

1. **Assemblage** oblique à mi-bois.
2. — droit à mi-bois (**fig. 163**).
3. — oblique à mi-bois avec embrèvement,
4. — droit à tenon et mortaise.
5. — oblique à tenon et mortaise (**fig. 164**).

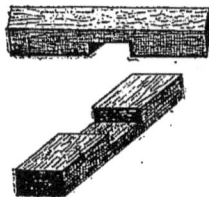

Fig. 163.— Assemblage droit à mi-bois.

Fig. 164.— Assemblage oblique à tenon et mortaise.

Fig. 165.— Assemblage oblique à tenon à deux abouts.

6. **Assemblage** oblique à tenon et mortaise avec embrèvement.
7. — — — — à deux abouts (**fig. 165**).
8. — — — — avec embrèvement et encastrement.
9. — droit à tenon à queue-d'aronde.
10. **Enture** par quartier à mi-bois.
11. **Assemblage** à trait de Jupiter avec 1 clef.
12. **Double assemblage** droit à mi-bois.

La collection des 12 modèles d'assemblage de charpente.............. 18 »
Chaque modèle séparément se vend................................... 2 »

C   ## MENUISERIE ET ÉBÉNISTERIE

1. **Assemblage** par goujon.
2. — par fausse languette.
3. — par rainure et languette.
4. — par deux clefs et deux mortaises.
5. — de côté de tiroirs à mi-bois.

6. **Assemblage** en coupe d'onglet avec 2 pigeons.
7. — à queue-d'aronde.
8. — à queue-d'aronde recouverte (**fig. 166**).
9. — d'onglet à queue-d'aronde recouverte.
10. — d'onglet à enfourchement.

Fig. 166.— Assemblage à queue-d'aronde recouverte.

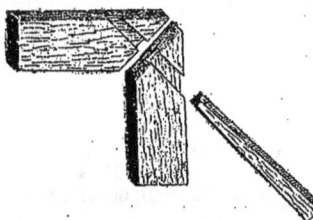

Fig. 167.— Assemblage d'onglet à clef.

Fig. 168.— Assemblage d'onglet à tenon et mortaise.

11. **Assemblage** d'onglet avec clef (**fig. 167**).
12. — d'onglet à tenon et mortaise (**fig. 168**).
13. — à enfourchement simple.
14. — à double enfourchement.
15. — d'un petit bois de croisée.

16. **Assemblage** d'un jet d'eau de croisée.
17. — d'un montant de porte avec panneau et traverse.
18. — d'un montant de porte à grand cadre avec panneau.

La collection de 18 modèles d'assemblage de menuiserie.............. 26 »
Chaque modèle séparément du n° 1 à 14............................ 2 »
— — du n° 15 à 17........................ 2 25
— — du n° 18............................. 3 »

MATÉRIEL POUR LA FORMATION DES MUSÉES SCOLAIRES

F Bocaux pour musées scolaires (fig. 169).

La figure 169 représente les bocaux de grandeur naturelle; ces bocaux sont plats et renflés intérieurement, ce qui leur donne une grande surface tout en étant d'une faible capacité.

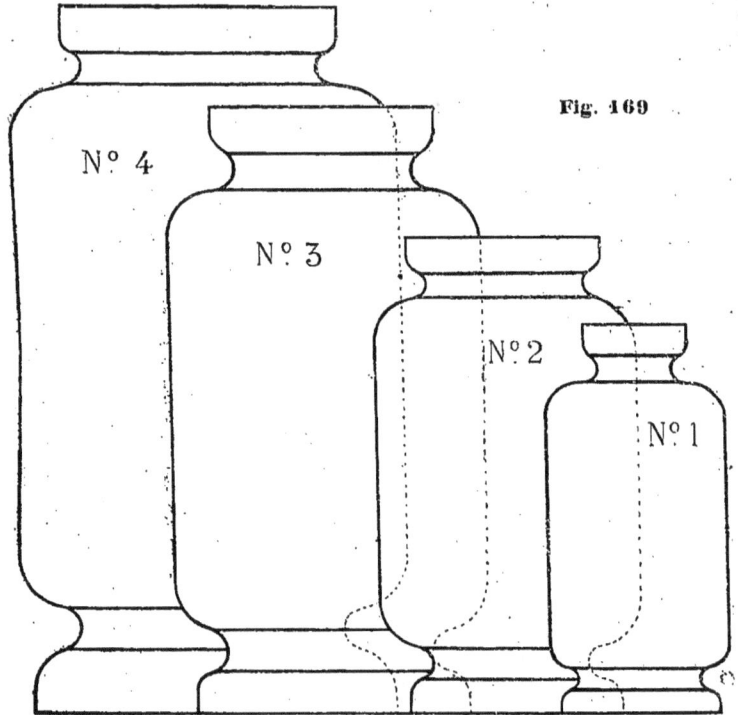

Fig. 169

Nos 1, le cent	10 fr. —	la douzaine	1 fr. 30 —	la pièce	0 fr. 15
» 2, —	11 fr. —	—	1 fr. 40 —	—	0 fr. 15
» 3, —	12 fr. —	—	1 fr. 55 —	—	0 fr. 20
» 4, —	15 fr. —	—	1 fr. 95 —	—	0 fr. 25

Pour fermer ces bocaux, on emploie la vessie de porc qui, mouillée légèrement, puis appliquée sur l'ouverture et maintenue à l'aide d'un fil quelconque, forme une fermeture hermétique.

F Tableaux en carton, pour fixer les échantillons, couverts, papier blanc o bul·e bordés noir, rouge ou vert, avec œillets; format 0 m. 58×0 m. 47, la pièc 0 fr. 50; format 0 m. 65×0 m. 52, la pièce 0 fr. 60; format 0 m. 60×0 m. 80, l pièce... **0 fr. 7**

C Fil de fer mince, pour fixer les échantillons, la bobine............ **0 fr. 3**

Pot à colle, gomme arabique liquide, avec pinceau................. **0 fr. 6**

Pinceaux de plumes, en martre, pinceaux raides, 0 fr. 10 à........ **1 fr.**

Etiquettes, impression sur demande, au nom de l'instituteur ou de l'école, mille, depuis..... .... **6 fr.**

Lettres découpées à jour, en métal, de 5 m/m à 9 m/m, l'alphabet, 2 fr.; 20 m/m à 27 m/m, l'alphabet, 3 fr ; de 40 m/m, 50 m/m, 60 m/m, 70 m/m, 80 m/ l'alphabet, 5 fr., 6 fr., 9 fr., 12 fr., et...................... **14 fr.**

A Cartons liégés, vitrés, pour ranger les insectes, format 39 c. × 26 c., 2 fr. 3 fr. 75, 4 fr. ; format 26 × 19 ½, 1 fr. 85, 2 fr. 25.................. **2 fr. 5**

c

TRAVAUX MANUELS

TRAVAUX EN BOIS

ATELIER DE MENUISERIE

Outillage nécessaire à 1 seul élève

1 Etabli de menuisier de 1 m. 50, 1 presse, 1 griffe, 1 valet........	35 »
1 Paire affûtage en charme..........	13 »
1 Rabot en charme.................	4 »
1 Guillaume de fil en charme......	2 40
1 Bouvet à joindre.................	4 »
1 Maillet de menuisier.............	» 75
1 Marteau de menuisier avec manche.	2 »
1 Scie à araser....................	2 75
1 — à tenons...............	4 »
1 — à refendre.............	6 »
1 — à chantourner..........	3 75
1 — à chevilles............	1 25
1 Compas........................	1 25
1 Trusquin......................	1 45
1 Plane.........................	3 »
2 Ciseaux de menuisier avec manche.	4 50
2 Bédanes.......................	5 »
2 Gouges........................	5 »
1 Lime plate bâtarde.............	1 25
2 Râpes, 1 plate. 1 1/2 ronde......	2 50
1 Outil à moulure...............	5 50
1 Fraise à bois.................	1 »
2 Vrilles......................	» 60
1 Vilebrequin..................	2 50
6 Mèches assorties.............	2 »

1 Tournevis à 2 usages..............	1 20
1 Paires tenailles.................	25
1 Chasse-clous....................	» 50
1 Tourne-à-gauche.................	» 80
1 Equerre charme.................	1 »
1 — d'onglet................	1 50
1 Fausse équerre.................	1 50
1 Racloir........................	1 25
1 Affiloir.......................	0 85
1 Mètre buis.....................	0 40

Outillage commun pour 10 à 12 élèves.

1 Hachette à main................	4 50
1 Meule.........................	35 »
1 Pierre à aiguiser..............	15 »
5 Pierres à morfiler.............	8 50
1 Pot à colle bain-marie.........	8 »
2 Presses à coller...............	4 »
2 Serre-joints...................	9 »
1 Etau de modeleur...............	20 »
1 Boîte à recaler................	17 »
1 Mâchoire pour affûter les scies....	5 50
1 Niveau à plomb.................	4 »

ATELIER DE TOURNAGE

1 Tour à bois, hauteur des pointes 0.140 m/m avec mandrin bâti en bois, banc de 1.40 et 12 outils emmanchés........................	250 »

TRAVAUX EN FER

ATELIER DE MÉCANIQUE

Outillage nécessaire à 1 seul élève.

1 Etau tournant..................	40 »
1 Paires mordaches cuivre........	2 »
1 — — plomb.........	2 50
2 Marteaux avec manches.........	10 »
1 Pointeau acier................	1 25
1 Pointe à tracer double.........	1 »
2 Burins........................	3 »
2 Bédanes.......................	3 »
1 Mètre cuivre..................	» 85
1 Compas droit.................	1 50
3 Limes plates assorties.........	4 75
3 — 1/2 rondes..........	4 50

Outillage commun à 5 ou 6 élèves.

1 Règle en acier.................	7 50
1 Equerre simple en acier.........	3 75
1 — à chapeau en acier......	5 50
1 Fausse équerre en acier........	7 50
1 Marbre dressé.................	20 »
1 Trusquin à patin..............	9 »
1 Archet et conscience, 1 boîte, 12 forets.....................	6 50
1 Pied à coulisse avec vernier....	7 50
1 Equerre grande simple acier.....	5 50
1 — — à chapeau acier...	6 50
1 Fausse équerre grande..........	8 50
1 Compas d'épaisseur.............	1 50
1 — 1/4 de cercle..........	2 50

1 Cisaille à main...............	5 25
1 Clé à molette.................	11 »
1 Etau à main..................	4 »
1 Pince plate..................	2 »
1 — à bouts ronds...........	2 »
1 Scie à métaux avec 2 lames de rechange...................	11 50
1 Jeu de chiffres pour métaux.....	5 50

ATELIER DE FORGE

Outillage commun à 2 élèves.

1 Forge double vent avec hotte.....	120 »
1 Enclume 70 à 75 kilos...........	90 »
1 Tranchet d'enclume.............	3 »
1 Casse-fer.....................	3 »
1 Dégorgeoir....................	3 »
1 Poinçon rond emmanché..........	3 75
1 Tranche à chaud...............	4 »
1 — à froid...............	4 25
1 Chasse à parer................	6 »
1 Etampe moyenne................	3 25
2 Marteaux à devant emmanchés....	19 »
1 — à main à forger.......	3 75
6 Paires tenailles de forge.......	14 »
1 Seau tôle.....................	5 »
1 Pelle, 1 tisonnier, 1 mouillette.....	6 »

Outillage commun à 6 élèves.

1 Forerie à la main avec vilebrequin et 6 forets................	55 »
1 Bigorne avec son billot.........	30 »

MEUBLES
POUR PRÉPARATIONS MICROSCOPIQUES

C

Les meubles pour *préparations microscopiques* sont en acajou verni ou en chêne ciré; ils contiennent des tiroirs dont le cadre intérieur est en bois, le fond est en carton fort; les préparations y sont classées horizontalement, position indispensable pour la bonne conservation des préparations. Chaque tiroir peut contenir vingt-quatre préparations dont les lames mesurent $0^m,75 \times 0^m,26$ et est muni en façade de deux boutons en cuivre nickelé.

Numéros	Tiroirs	Préparations	Hauteur	Largeur	Profondeur	PRIX en chêne	en acajou
81	6	144	0.14	0.40	0.25	30 fr.	45 fr.
82	12	288	0.21	0.40	0.25	36 »	50
82 bis	18	432	0.28	0.40	0.25	45 »	62
83	24	576	0.36	0.40	0.25	55 »	75
84	36	864	0.28	0.56	0.34	85 »	105
85	48	1152	0.38	0.56	0.34	110 «	145
86	60	1440	0.48	0.56	0.34	135 »	180

Fig. 98. — Meuble n° 82 de 12 tiroirs pour préparations microscopiques.

Meuble de 180 tiroirs pour contenir 42 préparations chaque, soit en total **7.560 préparations** : hauteur $1^m,19$; largeur, $1^m,30$; profondeur, $0^m,31$. Prix en chêne ciré, **395 francs.**

C

AQUARIUMS

Ces **Aquariums** de laboratoire sont à fond marbre; les montants sont en cuivre. Nous donnons ci-après les dimensions les plus courantes, mais nous pouvons fabriquer des aquariums de toutes dimensions sur demande, avec ou sans installation de trop plein et de trou de vidange.

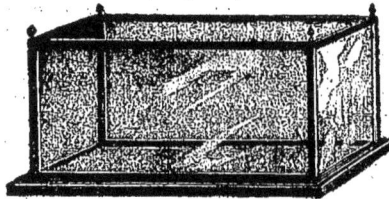

Fig. 99. — Aquarium.   Fig. 100. — Siphon.

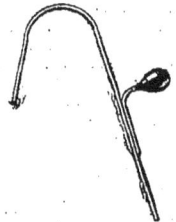

N° 0.	Longueur	38 cent.	largeur	20 cent.	hauteur	20 cent.	Prix	25 »
1.	—	42	—	25	—	25	—	33 »
2.	—	45	—	30	—	30	—	36 »
3.	—	50	—	32	—	32	—	43 »
4.	—	60	—	30	—	32	—	45 »
5.	—	70	—	35	—	32	—	54 »
6.	—	125	—	60	—	60	—	250 »

Siphon pour vider les aquariums (**fig. 100**), la pièce................. 4 »

C

TABLES POUR DISSECTIONS

ANATOMIQUES

Table de dissection sur pied fer et fonte, mobile sur son axe; pouvant être élevée à volonté.

Fig. 101. — Table de dissection, pied en fonte.

Le dessus de la table est en bois recouvert de zinc; sur demande nous pouvons remplacer ce métal par tout autre analogue tel que plomb, laiton, cuivre, etc.; le bord est élevé, une légère pente et une ouverture à l'une des extrémités permettent l'écoulement des liquides.

Mesurant 1 m. 80 long. × 0 m. 75 large × 0 m. 80 de haut recouverte en zinc.. 125 »

Table de dissection sur pieds en chêne, avec dessus en ardoise ou en lave émaillée; tables lourdes en bois massif sans écoulement.

Fig. 102. — Table de dissection, pieds en bois.

	Dessus en lave émaillée	Dessus en ardoise
De 1 m. 50 × 0 m. 60	185 fr	120 fr.
1 m. 65 × 0 m. 70	215 »	130 »
1 m. 80 × 0 m. 75	240 »	145 »

TABLE DES MATIÈRES

Paris. — imp. F. Levé, rue Cassette, 17.

LES FILS D'ÉMILE DEYROLLE, Éditeurs, 46, rue du Bac, PARIS

HISTOIRE NATURELLE
DE LA FRANCE

G

Cette collection comprendra vingt-six volumes, qui paraîtront successivement et qui formeront une Histoire naturelle complète de la France.

L'étude de l'Histoire naturelle sera ainsi simplifiée et mise à la portée de tous; c'est, du reste, un des moyens les plus puissants de répandre cette science et de permettre à ceux qui n'y sont pas initiés de former des collections très intéressantes. Avec de tels ouvrages, on n'aura plus à lutter contre les difficultés du début qui ont découragé un grand nombre de personnes qui avaient pensé que l'Histoire Naturelle était beaucoup plus facile à étudier qu'elle ne l'est en réalité, surtout quand on veut, dès le début, suivre la plupart des auteurs dans le dédale des descriptions de cette immense quantité d'espèces qui constituent notre faune.

La collection des ouvrages comprendra vingt-six volumes, tous de même format et à peu près de l'importance de ceux qui sont parus. Ceux qui restent à paraître sont sur le chantier, entre les mains de véritables maîtres; quelques-uns sont même sous presse. L'exécution des figures ou des planches, toujours si minutieuses et qui demande le concours de spécialistes, retardera l'apparition de l'ouvrage, mais nous espérons terminer maintenant la publication sous peu de temps.

Seize volumes sont déjà parus : nous indiquons ci-dessous ceux parus en caractères gras, la plupart des autres sont en préparation.

Nous donnons ci-après la nomenclature des diverses parties de l'ouvrage :

1re Partie. Généralités.

2e — **Mammifères.** 860 pages et 143 figures dans le texte, br. 3 fr. 50, franco 3 fr. 95; cart. 4.25, franco 4.75.

3e — **Oiseaux.** 27 planches en couleur et 132 figures dans le texte, br. 5 fr. 50, franco 6 francs; cart. 6.25, franco 6.75.

4e — **Reptiles et Batraciens.** 55 figures dans le texte, br. 2 fr. franco 2 fr. 50; cart. 2.75, franco 3 francs.

5e — Poissons.

6e — **Mollusques.** Céphalopodes, Gastéropodes 24 fig. dans le texte, 19 planches, br. 4 francs, franco 4 fr. 40; cart. 4.75, franco 5.20.

7e — **Mollusques.** Bivalves, Tuniciers, Bryozoaires 15 fig. dans le texte, 18 planches, br. 4 fr., franco 4 fr. 40; cart. 4.75, franco 5.20.

8e — **Coléoptères.** 386 pages, 27 planches, br. 4 francs, franco 4 fr. 45; cart. 4.75, franco 5.25.

9e — Orthoptères. Névroptères.

10e — Hyménoptères.

11e — **Hémiptères.** 206 pages et 9 planches, br. 3 francs, franco 3 fr. 35; cart. 3.75, franco 4.15.

12e — **Lépidoptères.** 236 pages, 27 planches en couleur, br. 5 fr., franco 5 fr. 45; cart. 5.75, franco 6.25.

13e — Diptères. Aptères.

14e — Arachnides.

15e Partie. **Acariens, Crustacés, Myriapodes.** 18 planches, br. 3 fr. 50, franco 3 fr. 90; cart. 4.25, franco 4.70.

16e — **Vers,** avec 203 fig. dans le texte, br. 3.50, franco 3.90; cart. 4.25, franco 4.75.

17e — **Cœlentérés, Echinodermes, Protozoaires,** etc. avec 187 fig. dans le texte, br. 3.50, franco 3.90; cart. 4.25, franco 4.70.

18e — **Plantes vasculaires** (Nouvelle flore de M. Bonnier et de Layens). 2145 fig., br. 4 fr. 50, franco 4 fr. 90; cart. 5.25, franco 5.70.

19e — **Mousses et Hépatiques** (Nouvelle flore des Muscinées, par M. Douin). 1288 figures, br. 5 francs, franco 5 fr. 30; cart. 5.75, franco 6.25.

20e — **Champignons** (Nouvelle flore de MM. Costantin et Dufour), 3842 figures, br. 5 fr. 50, franco 5 fr. 90; cart. 6.25, franco 6.75.

21e — **Lichens** (Nouvelle flore de M. Boistel). 1178 figures, br. 5 fr. 50, franco 5.90; cart. 6.25, franco 6 fr. 75.

22e — Algues.

23e — Géologie.

24e — Paléontologie.

25e — **Minéralogie,** avec 18 planches en couleurs, br. 5 fr., franco 5.40; cart. 5.75, franco 6.20.

26e — Technologie (Application des Sciences naturelles).

VUE D'ENSEMBLE DE L'USINE DE LA MAISON « LES FILS D'ÉMILE DEYROLLE »
D'APRÈS UNE PHOTOGRAPHIE.

mobilier

scolaire et collectivités

DELAGRAVE

Teinte des coquilles
au choix :

 orange

jaune

crème

bleu

**Chaise coquille
plastique CM**
empilable -
classification au feu M3
tailles 0 - 1 - 2 - 3

pré-élémentaire

Tailles des tables et sièges présentés pages 2 à 12	Tableau des tailles			
	0	1	2	3
Hauteur du siège en cm	22	26	30	34
Hauteur du plan de travail en cm	40	46	52	58

Teintes de stratifié des plateaux : mandarine
vert

teinte de série des piètements
époxy ivoire

(autres teintes sur demande, voir pages 6 & 7)

maïs
merisier
sable
bleu des isles

**Tous les angles
sont arrondis**

Table individuelle
plateau 60 × 40 cm stratifié
avec ou sans tiroir
tailles 0 - 1 - 2 - 3

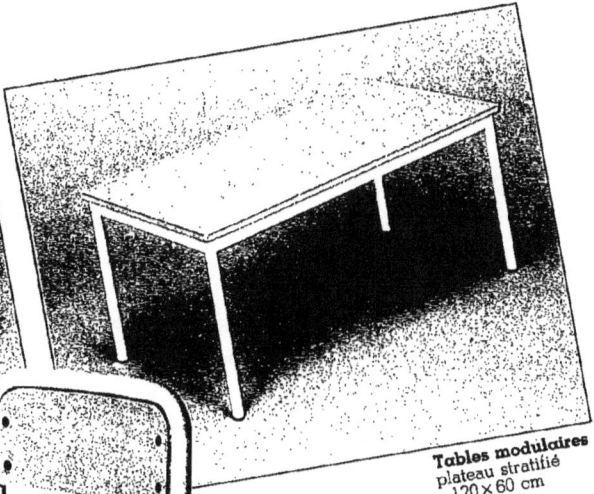

Tables modulaires
plateau stratifié
- 120 × 60 cm
- 60 × 60 cm
tailles 0 - 1 - 2 - 3

ouveau!

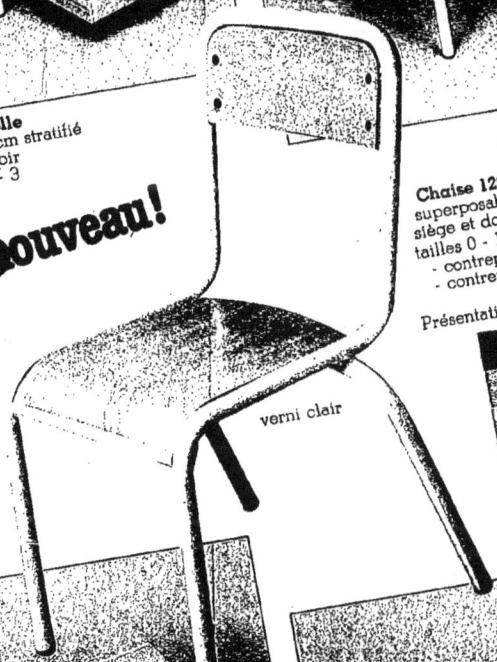

Chaise 129 R
superposable -
siège et dossier encastrés
tailles 0 - 1 - 2 - 3
- contreplaqué verni clair
- contreplaqué laqué

Présentation des sièges et dossiers :

laquage orange
laquage vert
laquage jaune
laquage merisier
laquage sable
laquage bleu

verni clair

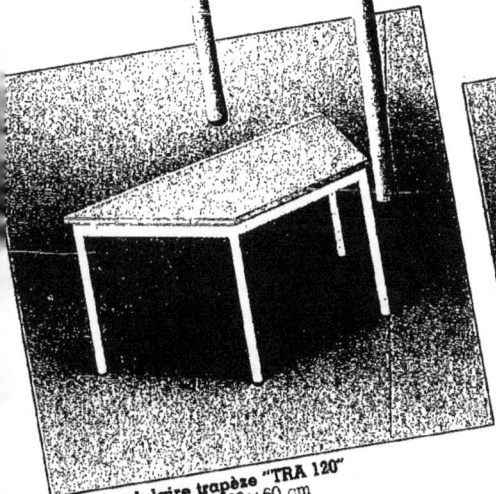

Table modulaire trapèze "TRA 120"
plateau stratifié 120 × 60 × 60 cm
tailles 0 - 1 - 2 - 3

table modulaire 1/2 ronde
plateau stratifié Ø 120 cm - chants plastique
épais ton bois
tailles 0 - 1 - 2 - 3

3

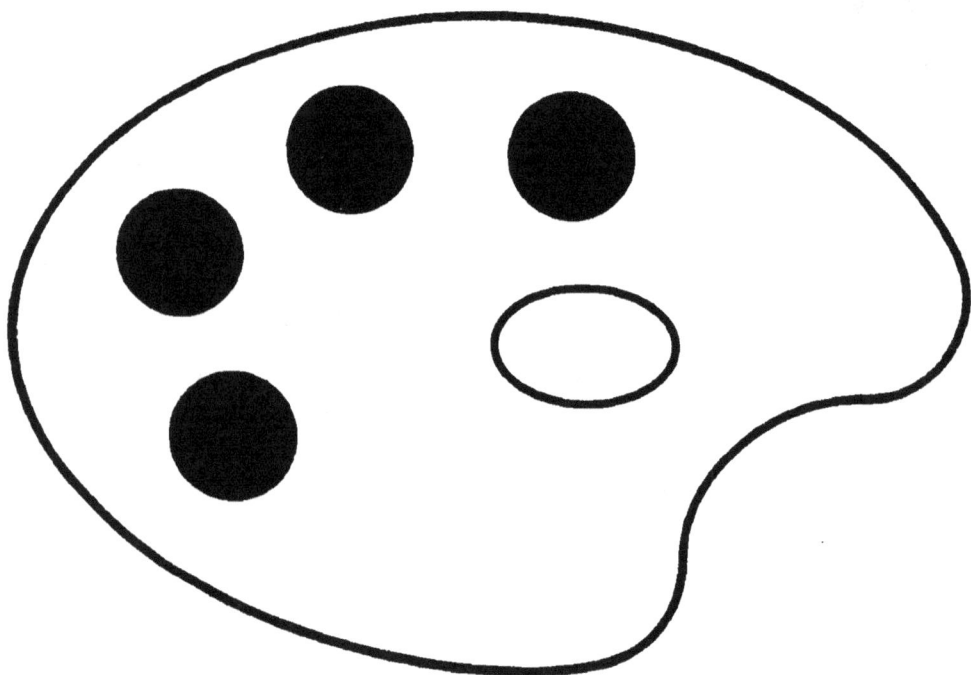

Original en couleur
NF Z 43-120-8

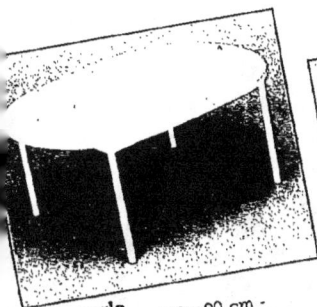

Table ovale
plateau stratifié 130 × 90 cm -
chants plastique épais ton bois
tailles 0 - 1 - 2 - 3

Table octogonale ou ronde
plateau stratifié Ø120 cm -
chants plastique épais ton bois
tailles 0 - 1 - 2 - 3

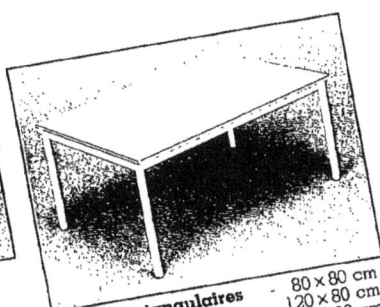

Tables collectives

Tables rectangulaires
plateau stratifié -
chants alaisés
bois massif verni
tailles 0 - 1 - 2 - 3

- 80 × 80 cm
- 120 × 80 cm
- 150 × 80 cm
- 200 × 80 cm

pré-élémentaire

Table à sable "TS 2"
plateau stratifié 120 × 80 cm - chants
alaisés bois massif verni - 2 bacs
matière plastique de 49 × 38 × 19 cm
tailles 0 - 1 - 2 - 3

Teintes de stratifié des plateaux :

teinte de série des piètements
époxy ivoire

(autres teintes sur demande, voir pages 6 & 7)

mandarine
vert
maïs
merisier
sable
bleu des isles

Ensemble bureau,
composé de :
Table rectangulaire (teintes page 4)
plateau stratifié - H. 75 cm
120 × 60 cm - H. 75 cm
Caisson roulant "CT 85"
Gravier - 2 tiroirs - L. 42 cm -
H. 60 cm - P. 55 cm

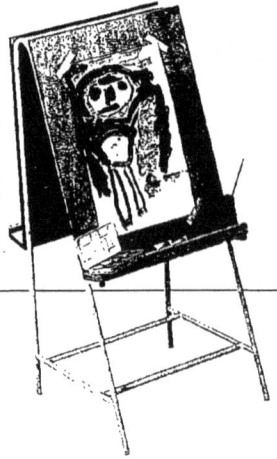

Chevalet à peindre
Haut. 100 cm - 2 augets
2 planches contreplaqué
65 × 50 cm
en supplément :
bac plastique

Lit de repos pliant
toile lavable - L. 135 cm -
l. 50 cm - H. 35 cm

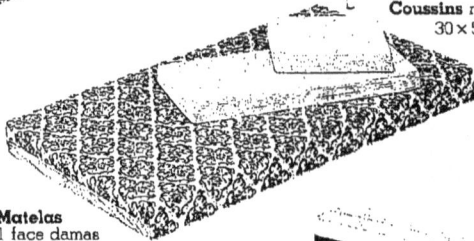

Coussins mousse recouvert coton
30 × 5 × 26 cm - 1 place
64 × 5 × 26 cm - 2 places

Matelas
1 face damas
1 face plastique
120 × 60 cm - 100 × 50 cm

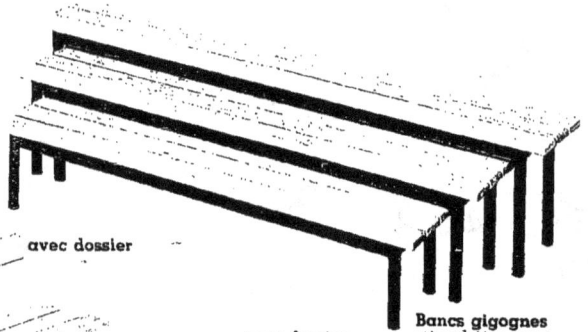

Bancs
siège et dossier hêtre verni
long. 120, 150, 200 cm
taille 0 - 1 - 2 - 3

avec dossier

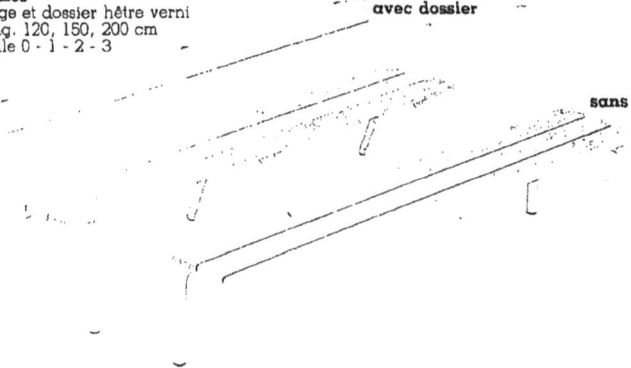

sans dossier

Bancs gigognes
siège hêtre verni
- long. 115 cm
  haut. 22 cm
- long. 131 cm
  haut. 28 cm
- long. 150 cm
  haut. 34 cm

pré-élémentaire

Les tables et chaises des pages 2 - 3 - 4 - 5 présentées
dans la teinte de série epoxy ivoire, peuvent également
avoir des piétements revêtus epoxy de couleurs.

♥uveau!

Chaise 129 R
piétement
4 couleurs
au choix :
bleu
vert
jaune
rouge

siège et dossier :
bois verni ou
laqués sable

Chaise C.M.
piétements
et coquilles
même couleur :
jaune
bleu
orange
ivoire

Tables
piétement 4 couleurs au choix :
bleu
jaune
rouge
vert

plateaux : stratifié sable

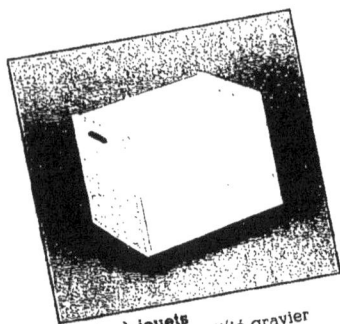

Coffre à jouets
sur roulettes - stratifié gravier
L. 60 cm - l. 40 cm - H. 47 cm

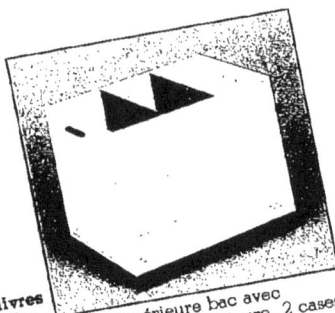

Chariot à livres
sur roulettes -
stratifié gravier - partie supérieure bac avec
séparations amovibles - partie inférieure, 2 cases
L. 70 cm - l. 50 cm - H. 57 cm

**Tous les angles
sont arrondis
(chants
plastique
épais)**

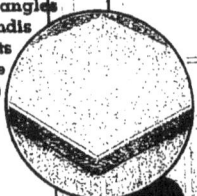

Système de rangement étagé

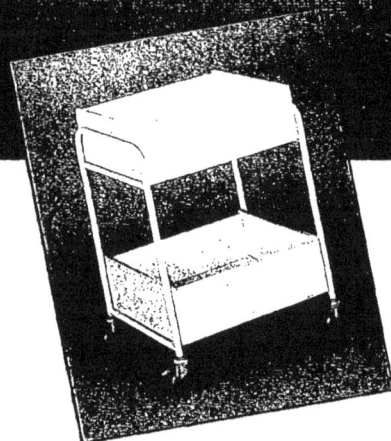

Chariot desserte
sur roulettes - stratifié gravier -
2 bacs
L. 65 cm - H. 85 cm - P. 50 cm

8

pré-élémentaire

Les meubles présentés dans ces pages répondent aux exigences suivantes :
— sécurité des enfants : tous les angles sont arrondis (chants plastique épais)
— mobilité du volume de rangement par l'emploi de tablettes réglables
— possibilité de délimiter des groupes grâce aux nombreuses combinaisons des meubles.

Chariot 6 cases "V"
sur roulettes - stratifié gravier - 2 étagères fixes - 4 étagères réglables
L. 35 cm - H. 91 cm - P. 42 cm
en supplément : bac plastique

Armoire A.41
piètement époxy ivoire - stratifié gravier - 2 portes stratifié mandarine ou vert, fermant à clef - 2 rayons
L. 100 cm - H. 131 cm - P. 44 cm

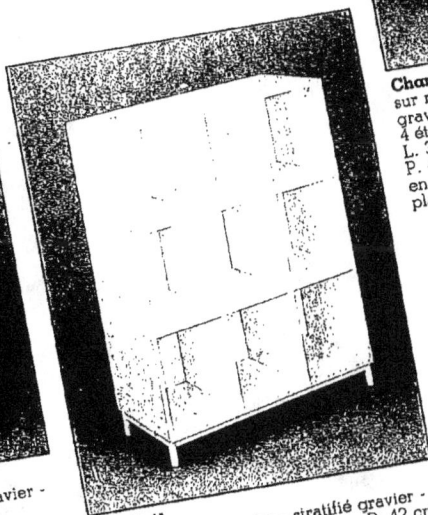

Bloc B.41
piètement époxy ivoire - stratifié gravier - 9 cases - L. 100 cm - H. 131 cm - P. 42 cm

Meuble d'angle
stratifié gravier
P. 44 cm - H. 60 cm

ÉLÉMENTS ASSEMBLABLES, SUPERPOSABLES ET JUXTAPOSABLES

Bloc 12 cases
stratifié gravier - 2 séparations verticales - 6 rayons fixes - 6 tablettes mobiles
L. 100 cm - H. 60 cm - P. 42 cm

Suppléments ▶
facultatifs
— portes battantes mandarine ou vert, fermeture par loqueteau magnétique
— piètement
— roulettes
— panneau ardoisé au dos
— panneau d'affichage au dos
— bac plastique orange ou brun dimensions intérieures 38 x 28 x 9 cm

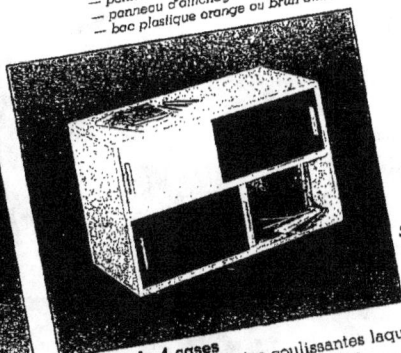

Suppléments facultatifs
— piètement
— roulettes
— panneau ardoisé au dos
— panneau d'affichage au dos

Elément de 4 cases
stratifié gravier - 4 portes coulissantes laquées mandarine / gravier ou vert / gravier
L. 100 cm - H. 60 cm - P. 42 cm

9

pré-élémentaire

Chaise "CB 85"
bois massif verni
tailles 0 - 1 - 2 - 3

Teintes de stratifié des plateaux :

- mandarine
- vert
- maïs
- merisier
- sable
- bleu des isles

Tables et chaises 4 pieds bois massif verni Pour les tailles se reporter au tableau page 2

Tous les plateaux ont les angles arrondis,
chants alaisés bois massif verni

Table individuelle "TB 85"
plateau 60×40 cm stratifié
tailles 0 - 1 - 2 - 3

Tables modulaires "TB 85"
plateau stratifié
— 120×60 cm
— 60×60 cm
tailles 0 - 1 - 2 - 3

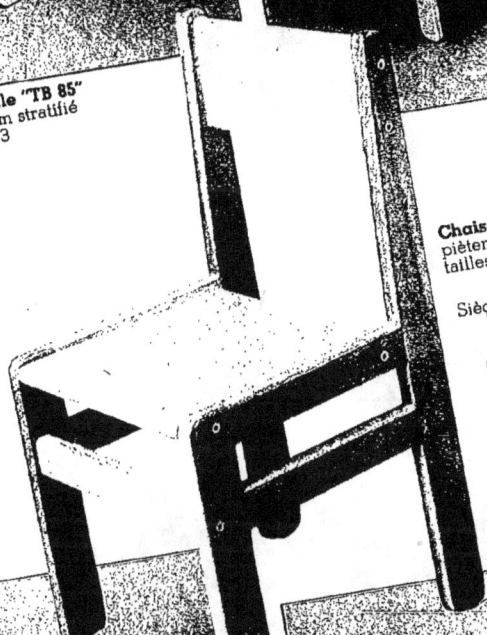

Chaise "CB 85"
piètement verni
tailles 0 - 1 - 2 - 3

Siège et dossier :
— vernis
— laqués

orange

vert

jaune

sable

bleu

Table modulaire "TB 85" trapèze
plateau stratifié 120×60×60 cm
tailles 0 - 1 - 2 - 3

Table modulaire "TB 85" 1/2 ronde
plateau stratifié Ø 120 cm - chants plastique épais ton bois
tailles 0 - 1 - 2 - 3

11

Avec dossier

Bancs "BB 85"
bois massif verni - L. 120 cm
tailles 0 - 1 - 2 - 3

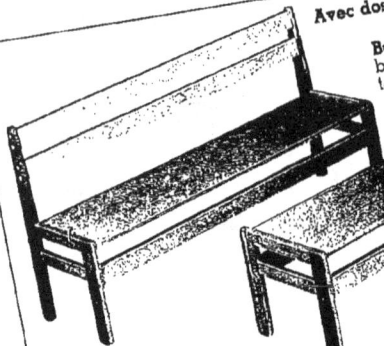

Sans dossier

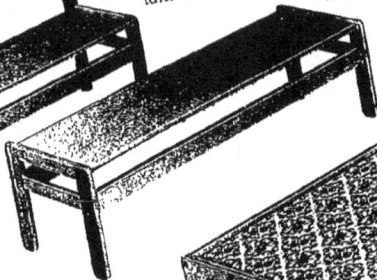

Couchette "LB 85"
bois massif verni
120×60 cm empilable

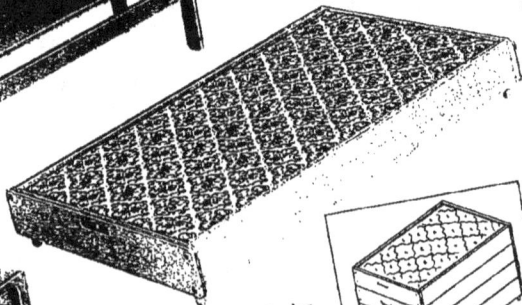

Matelas
1 face damas, 1 face
plastique 120×60 cm

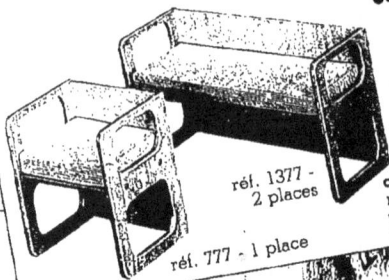

Fauteuils
bois verni - assise utilisable des
2 côtés
hauteurs possibles : 18 et 25 cm

réf. 1377 -
2 places

coussins
mousse recouvert coton 30×5×26
pour fauteuil 1 place
64×5×26 cm pour fauteuil 2 places

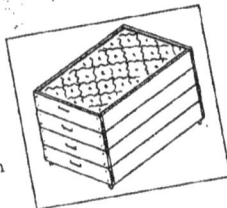

réf. 777 - 1 place

Système
de réglage
des étagères

pré-élémentaire

Eléments juxtaposables et superposables *hêtre verni*
S'harmonisant avec les tables et chaises, ce mobilier a été
conçu en fonction des critères suivants :
— sécurité des enfants : tous les angles sont arrondis
— aspect plus chaud par l'emploi du bois
— mobilité du volume de rangement par l'emploi de tablettes
réglables
— volume de rangement plus grand, les chariots pouvant se
ranger sous le bloc-tunnel
— possibilité de délimiter des groupes grâce aux nombreuses
combinaisons des meubles

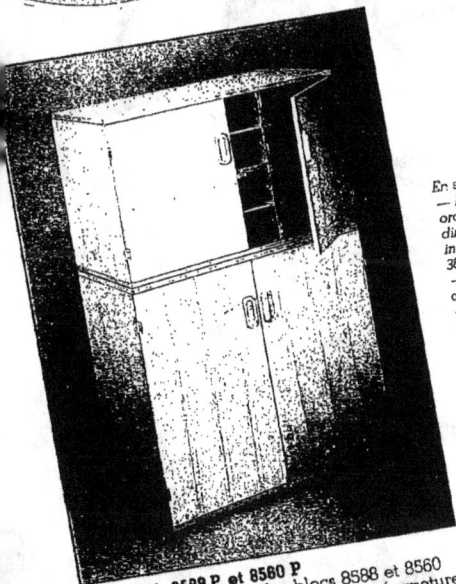

**Meuble d'angle, réf.
5577**
P. 44 cm - H. 88 cm

Bloc 12 cases, réf. 8560 - 6 rayons fixes -
2 séparations verticales
6 étagères mobiles

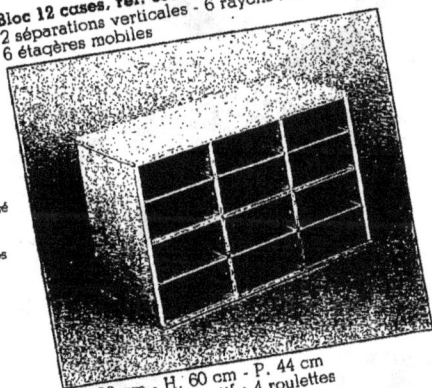

En supplément :
— bac plastique
orange ou brun
dimensions
intérieures :
38 × 28 × 9 cm
— panneau ardoisé
ou dos
— panneau
d'affichage au dos

L. 100 cm - H. 60 cm - P. 44 cm
supplément facultatif : 4 roulettes

Blocs, réf. 8588 P et 8560 P
Même fabrication que les blocs 8588 et 8560
avec 2 portes battantes hêtre verni ; fermeture
par loqueteau magnétique

Bloc-tunnel
1 étagère fixe - 2 étagères mobiles
— en position horizontale les étagères
permettent le rangement de tiroirs en polyéthylène
— en position inclinée les étagères peuvent
faire présentoir à livres
la partie inférieure du bloc permet le
rangement de 3 chariots réf. 5477

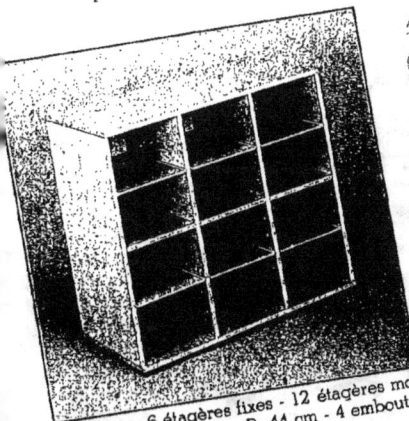

**Bloc 18 cases,
réf. 8588**
2 séparations
verticales - 6 étagères fixes - 12 étagères mobiles
L. 100 cm - H. 88 cm - P. 44 cm - 4 embouts
vérins sur platines métalliques

Chariot, réf. 5477
bois verni - 40 × 20 × 30 cm - 4 roulettes
Tiroir, réf. 8500
35 × 20 × 14,5 cm - polyéthylène - bleu,
jaune, rouge ou vert

13

Présentoir à livres
6 rayons gravier de 106 × 22 cm,
dont 3 inclinés - roulettes

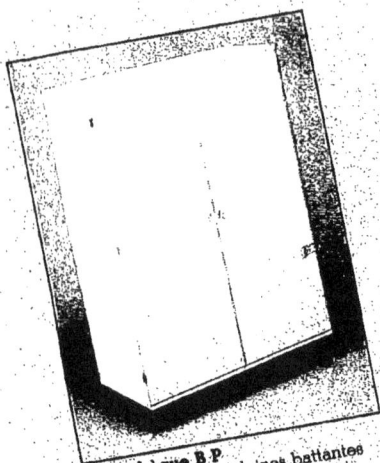

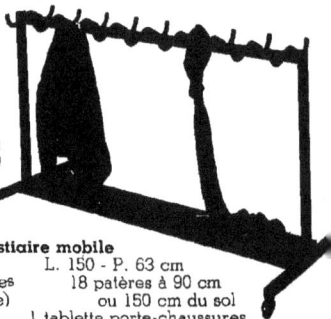

Bibliothèque B.P.
gravier - 2 portes pleines battantes
fermant à clef mandarine ou vert
3 rayons : 1 fixe, 2 sur crémaillères
L. 120 cm - P. 47 cm - H. 170 cm

Tables modulaires
stratifié merisier, sable,
mandarine, maïs, vert, bleu des isles
(couleur à préciser à la commande)
— carrée 60 × 60 cm
— rectangulaire 120 × 60 cm
— trapèze 120 × 60 × 60 cm
— 1/2 ronde ∅ 120 cm

Vestiaire mobile
L. 150 - P. 63 cm
18 patères à 90 cm
ou 150 cm du sol
1 tablette porte-chaussures

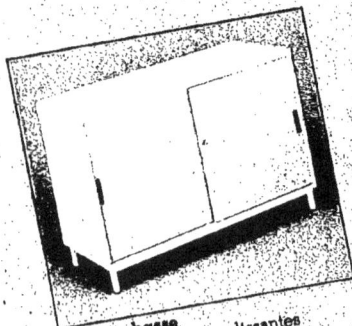

Armoire basse
gravier - 2 portes coulissantes
fermant à clef mandarine ou vert
1 séparation, 4 rayons
L. 140 cm - P. 47 cm - H. 90 cm

Rayonnages pour bibliothèques
avec ou sans roulettes - montants cornières perforées

Meuble de rangement de l'institutrice
gravier - 6 tiroirs à papier pour
format 50 × 65 cm - faces des tiroirs
vert ou mandarine
L. 75 cm - P. 62 cm - H. 90 cm

L. 100 cm - H. 150 cm

1 face :
5 tablettes réglables

2 faces :
5 tablettes réglables
chaque côté

14

salles de réunions
salles polyvalentes
salles des fêtes
salles de conférences

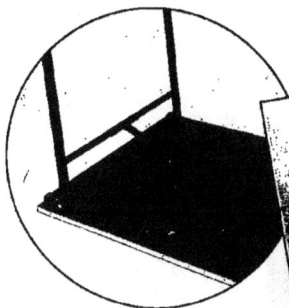

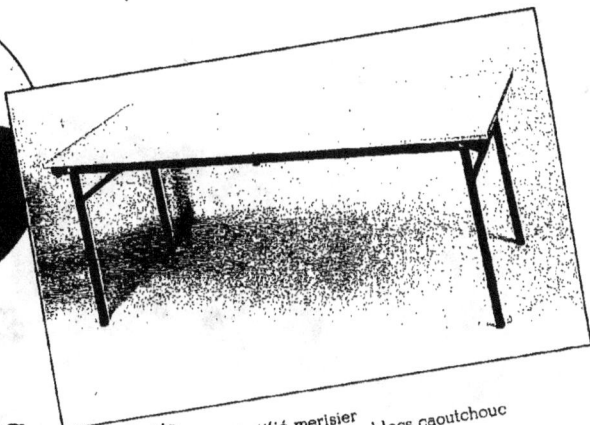

Table pliante
tube carré - plateau stratifié merisier
120 × 80 cm ou 180 × 80 cm - taille 6 - blocs caoutchouc
pour empilage

Chariot pour tables pliantes

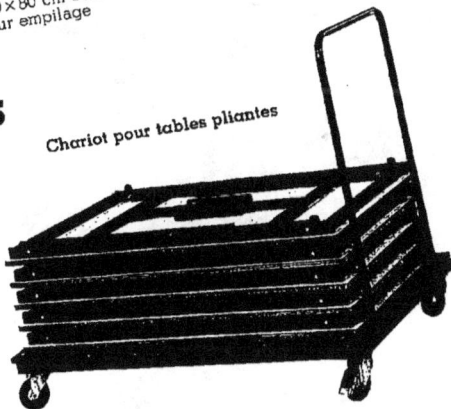

Chaise pliante
siège et dossier
contreplaqué verni
taille 6

CONDITIONS GÉNÉRALES DE VENTE

PRIX ET DEVIS
Nos catalogues ne peuvent être considérés comme une offre ferme des modèles qu'ils décrivent et nous nous réservons le droit de modifier nos modèles sans préavis. Nos prix sont donnés à titre indicatif et sans engagement, le prix facturé étant toujours celui en vigueur lors de l'expédition.

DÉLAIS D'EXPÉDITION
La date de livraison est donnée à titre indicatif et ne constitue ni un engagement ni un motif de résiliation.

EXPÉDITIONS
Elles sont effectuées franco France continentale, de notre usine de LUXEUIL 70300. En cas d'avaries, les réclamations ne seront prises en considération que si les réserves sont faites dans les conditions indiquées ci-dessous. Nous recommandons expressément à nos clients de vérifier soigneusement le nombre et l'état des colis à l'arrivée avant d'en prendre livraison, même si l'emballage paraît intact. Si une avarie ou un manquant est constaté, le transporteur étant présumé responsable, il est indispensable de ne donner décharge qu'après consignation des réserves de droit. De plus, et sous peine de forclusion, ces réserves doivent obligatoirement être confirmées par lettre recommandée — il est indispensable que la lettre soit recommandée — adressée dans les trois jours de la réception de l'envoi au transporteur ou au chef de la gare chargé de la livraison (art. 105 du Code de commerce).

RÉCLAMATIONS
Les réclamations doivent nous être adressées dans les huit jours de la date d'arrivée des marchandises et bien entendu, avant toute mise en service de la fourniture. Nous ne pourrons acceptation sans réserve de la fourniture. Nous ne pourrons admettre ni le retour d'office de marchandises refusées par suite d'erreur ou d'imprécision dans les commandes, ni le règlement de travaux, ou réparations effectués sur nos fournitures, sans notre accord préalable.

PAIEMENT
Sauf pour les Administrations publiques, les Établissements ou personnes en compte avec notre maison, toute commande doit être accompagnée de son montant.

PROPRIÉTÉ INDUSTRIELLE
Nous nous réservons d'apporter toutes modifications ou améliorations à nos modèles. La copie de ceux qui sont brevetés ou déposés, expose le contrefacteur à des poursuites.

Tous nos modèles sont fabriqués en FRANCE, dans notre usine de LUXEUIL-LES-BAINS - 70300

photos Gilles ROUGET · PLATEAU 122
fenêtre FIAM 67, un système PÉCHINEY-BÂTIMENT
Maquette, photocomposition et photogravure : Ateliers BREG B780707

15

ardoisage vert plastifié extra-dur sur panneau alvéolé 20 mm pour écriture à la craie.

Tableau triptyque
panneau de fond 100 × 150 cm,
deux volets de 75 × 100 cm,
panneau de fond 100 × 200 cm,
deux volets de 100 × 100 cm.
supplément facultatif :
rainure porte-craie et rainure porte-cartes,
2 crochets coulissants aluminium anodisé
assurant le fixation au mur.

tableau deux faces
100 × 120 cm
100 × 150 cm
100 × 200 cm

tableau pivotant
axe vertical
panneau de 100 × 120 cm
hauteur de la gouttière 80 cm

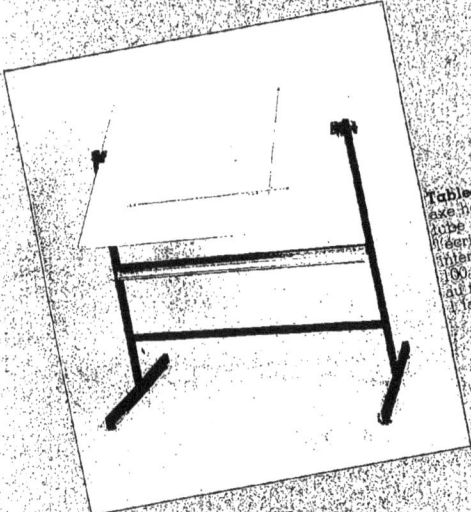

Tableau pivotant
axe horizontal
tube 40 × 27 mm laqué - système de blocage permettant
l'écriture en position verticale, horizontale ou en positions
intermédiaires - hauteur de la gouttière 80 cm - panneau de
100 × 120 cm acier vitrifié, 1 face blanc permettant l'écriture
au marqueur de couleur, effaçage à sec et la projection
1 face vert.

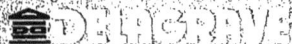

DELAGRAVE
Société à responsabilité limitée au capital de 3 000 000 F
882 140 65 B.R.C. Paris

15, rue Soufflot
75240 PARIS CEDEX 05
Tél. : 325.88.66

USINE DE LUXEUIL (HAUTE-SAÔNE)

www.ingramcontent.com/pod-product-compliance
Lightning Source LLC
Chambersburg PA
CBHW052059270326
41931CB00012B/2825